나는 어떻게 미대생에서 의대생이 되었을까?

나는 어떻게 미대생에서 의대생이 되었을까?

초판 1쇄 인쇄 | 2021년 6월 11일
초판 1쇄 발행 | 2021년 6월 18일

지은이 | 김유연
펴낸이 | 박영욱
펴낸곳 | 깊은나무

편　집 | 권기우 · 이소담
마케팅 | 최석진
디자인 | 서정희 · 민영선
SNS마케팅 | 박현빈 · 박가빈

주　소 | 서울시 마포구 월드컵로 14길 62
이메일 | bookocean@naver.com
네이버포스트 | post.naver.com/bookocean
페이스북 | facebook.com/bookocean.book
인스타그램 | instagram.com/bookocean777
전　화 | 편집문의: 02-325-9172　　영업문의: 02-322-6709
팩　스 | 02-3143-3964

출판신고번호 | 제2013-000006호

ISBN 978-89-98822-88-0 (03370)

생의 터닝 포인트를 만드는 기적의 공부법

나는 어떻게 미대생에서 의대생이 되었을까?

김유연 지음

깊은나무

| 머리말 |

떠나는 것도 용기가 필요하다

지금 하고 있는 공부나 전공 혹은 일이 삶의 전부처럼 느껴질 때가 있다. 오랫동안 해왔기 때문일까. 많은 시간과 노력을 바쳤기 때문일까. 그래서 이제는 자신이 할 수 있는 유일한 일처럼 생각되기도 한다. 나 역시 예고를 나와 미술만을 생각하며 살았고, 자연스레 미대에 진학했다. 이제는 다른 걸 하고 싶어도 할 줄 아는 게 그림밖에 없다고 친구들과 우스갯소리로 이야기하곤 했다. 같은 전공을 하는 사람들만을 만나고, 함께 한 방향만을 바라보았다. 그러니 다른 길을 생각하기가 얼마

나 어려운가.

대부분의 사람은 이미 가고 있는 길만을 바라보게 된다. 마음속에 다른 열망을 품고 있더라도 말이다. 그러나 마음속의 열망이 너무나도 커져 버리면 문제가 된다. 고개를 돌려 다른 방향의 존재를 눈치채지 못한다면 뜨겁게 타오른 열망이 가슴을 태워 버리고 만다. 있어야 할 곳에 있지 못하다는 느낌은 얼마나 외롭고, 또 얼마나 고통스러운가. 그렇기에 나는 당신이 고개를 돌려 보기를 희망한다. 또 지금 걷고 있는 길 외에도 갈 곳이 있음을 깨닫기를 바란다.

사실 당신이 걷고 있던 곳은 넓은 들판이며 길이라고 생각했던 것은 풀이 눌린 흔적에 불과함을 알아채길 바란다. 그렇다고 꼭 가던 길을 바꿀 필요는 없다. 단지 눈치채는 것만으로도 충분하다.

당신은 어디든지 걸어갈 수 있다. 자신의 선택에 책임을 질 각오와 그에 따른 행동을 할 용기만 있다면.

현실을 무시하라는 것은 아니다. 가진 것을 기꺼이 포기하고 새로운 도전을 하기 위해서는 우선 생계가 뒷받침되어야 하고, 성취를 위해서는 운도 따라야 한다. 남들보다 뒤처질 각오와 그만큼 두 배로 노력할 용기도 필요하다. 그럼에도 불구하고 지금 있어야 할 곳에 있지 않다고 오랫동안 느꼈다거나 떠나지 않으면 미칠 것 같다는 생각에 이미 긴 시간 고민하고 고통스러웠다면, 기꺼이 스스로를 위해 모험을 허락해도 좋지 않을까. 그럴 기회와 용기가 스스로에게 있음을 깨닫는 것만으로도 위로가 되지 않을까.

이 책은 위로가 되고자 시작했다. 그리고 누군가에게 용기를 주려고 썼다. 누군가 나의 이야기를 읽고 스스로의 상황을 바꿀 용기를 낸다면 이 책은 세상에 나온 역할을 다한 것이다. 혹은 현재의 상황을 바꿀 수 있음을 깨닫고 언젠가 모험을 할 준비를 시작한다면 또한 그럴 수 있음에 위로받는다면 더없이 좋겠다.

책 내용을 한 줄로 요약하자면 '수포자 미대생이 1년 공부해 의대에 합격한 기록'이다. 1년간의 기록 속에는 포기와 도전, 두려움과 용기, 인내와 노력이 담겨 있다. 실패할까 봐 무서웠던 적도 많았고, 생각만큼 점수가 나오지 않아 불안했던 적도 있었다. 그럼에도 계속 도전할 수 있었던 것은 스스로에 대한 믿음과 탈출에 대한 갈망 때문이었다. 도전을 성공시킬 수 있었던 것은 믿음과 갈망을 끊임없이 되뇌고 유지할 수 있었기 때문이었다.

물론 의대에 합격했다고 해서 삶이 180도 달라진다거나 성공한 삶이라거나 하는 것은 아니다. 그저 새로운 환경에서 새롭게 시작할 기회를 한 번 더 얻게 된 것뿐이다. 그러나 1년간의 노력을 통해 의대 합격보다도 더 값진 것을 얻었다. 바로 무엇이든 할 수 있겠다는 자신감이다. 모두가 불가능할 것이라 말렸던 도전을 성공시킨 자신감 말이다.

또한, 내가 원하는 것을 얻는 방법과 목표를 세우고 실제로 행동에 옮기는 방법을 알게 되었다. 이것은 모두 평생을 살아감에 강력한 무기가 될 것들이다.

나는 앞으로도 얻고 싶은 것이 생기면 우선 목표를 세우고 작은 것부터 차근차근 행동에 옮길 것이다. 그리고 그것을 지속할 것이다. 그리고 얻어 낼 것이다. 그렇기에 작은 흔들림이나 실패가 무섭지 않다. 스스로를 믿기 때문이다.

나의 경험이 당신의 여행에 작은 이정표가 되기를. 용기 내어 넓은 들판을 보게 하는 격려가 되기를 바란다.

차 례

1부 도전을 꿈꾸며 다시 시작하기

2부 독학 마스터가 제안하는 공부법

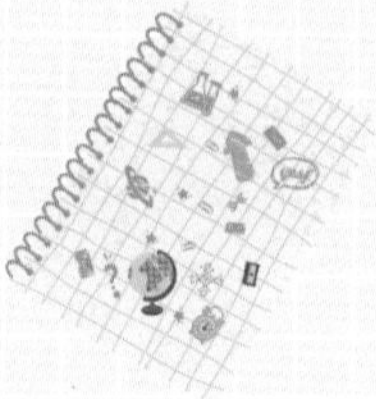

■ 일러두기

- 인명은 국립국어원의 외래어 표기법에 따라 표기했으며, 규정에 없는 경우는 현지음에 가깝게 표기했습니다.
- 이 책에 실린 그림은 작가가 직접 그린 그림입니다.
- 책에 나오는 상표명은 상표명 그대로를 따랐습니다.

1부

도전을 꿈꾸며 다시 시작하기

원하던 곳에서 탈출하기

아이러니하게도 나의 슬픈 실패는 남들이 볼 땐 성공이라 할 만한 것이었다. 우선, 나는 우수한 성적으로 고등학교를 졸업했고, 흔히 말하는 유명 대학에 전액 장학금을 받는 조건으로 수석 입학했다. 자랑처럼 들릴지 모르겠다. 그러나 이 모든 성취는 결국 실패의 이야기가 되었다. 진정으로 사랑하는 길을 찾지 못해 너무나 먼 길을 돌아가고 말았던 실패의 흔적이었다.

전공은 순수 미술.

나는 미술을 하던 사람이었다.

중학교 3학년 때 미술을 전공하기로 했다. 평생 그림을 그리며 살면 행복할 것 같았고, 경제적으로 조금 넉넉하지 못하더라도 하고 싶은 일을 하며 사는 것이 진정한 행복이라 생각했다. 그렇게 예술고등학교와 원하던 미술 대학에 입학했다.

그때부터 문제가 시작되었다. 무엇이 원인이었을까. 사람을 좋아하지 못하는 내 성격이었을까, 미술에 대한 열정이 부족해서였을까.

나는 대학 생활에 적응하지 못했다. 그것도 처참하게.

나는 대학교에서 만난 사람들에게 동질감을 느끼지 못했다. 사람이 너무나도 낯설었다. 꼬박 한 학기를 함께 지내도 익숙해지지 않았다. 나는 진지한 사람이었고, 내 진지함이 사람을 밀어내는 듯했다.

가끔은 누군가가 나를 매의 눈으로 평가하고 있는 것만 같았다. 어떨 땐 그냥 타인이 무서웠다. 나를 한심한 사람으로 볼까 봐, 내 우울을 들킬까 봐. 그저 하루하루가 지겹고 두렵고 우울했다. 끝도 없는 수렁에 가라앉는 듯했다.

전공도 문제였다. 미술 대학에 입학할 때만 해도 게임 원화가가 되고 싶다는 꿈이 있었다. 이 꿈은 고등학생 때부터 버팀목이 되어 주었다. 그러나 미술 대학에 와서는 그 꿈이 나를 나아가지 못하게 막았다.

대학에서 요구하는 미술은 내가 생각하던 것과 너무도 달랐다. 나는 창작과 어울리지 않는 사람이라는 걸 대학에 가서 배우고야 말았다.

그러나 창작이라는 작업에 진지하게 몸을 담는 동기들을 보며 매일 이질감을 느꼈다. 새로운 걸 만들어내야 한다는 게, 나만의 독특한 이야기를 해야 한다는 게 부담스러웠고 작업의 소재를 억지로 쥐어짜는 나날이 이어졌다. 오로지 취미로 만화를 그릴 때만 행복했다. 나는 결국 순수 미술과 상업 미술의 차이를 조화시키지 못했다.

수업에 적응을 못 하니 자신감도 떨어졌고 인간관계도 나빠졌다. 다가오는 사람도 밀어내기 바빴다. 누군가를 들일 마음의 여유가 없었다.

어느 순간 우울증에 빠져 있었던 것 같다. 아침마다 몸을 일으키는 게 너무 힘들었다. 학교에 가는 게 끔찍하고 사람들을 마주하는 게 두려웠다. 남들은 쉽게 해내는 것 같은 일들이 내게는 너무 어려웠다.

'나는 미술이 좋아 이 길을 선택했을 텐데. 왜 이렇게 불행하

지? 왜 하루하루가 끔찍하지?'

살고 싶지 않을 정도로 내일이 전혀 기다려지지 않았다.

나는 탈출해야만 했다.

전공을 수정하는 일은 쉽지 않았다. 그래서 그냥 죽도록 공부했다. 죽도록 공부하고, 공부해서, 이곳을 나가야겠다는 생각으로 버텼다.

지금부터 할 이야기는 이 버팀의 여정에 관한 스토리다. 어쩌면 탈출기라 불러야 할지도 모르겠다. 그러나 어쩌면 이 땅의 누군가는 나의 탈출기가 간절히 필요할지도 모르니까. 그런 생각으로 내 이야기를 솔직하게 담아 보련다.

어딘가의 어떤 전공의 누군가는 지금 있는 곳에서 탈출하고 싶어 몸부림치고 있을지도 모르니까. 과거의 나처럼 반드시 떠나야만 하는 누군가가 있을지도 모르니까. 그런 사람에게 길잡이가 되어 주고 싶다. 이야기하고 싶다. 용기를 주고 싶다. 길이 없어 보여도 사실 길이 있다고 말이다.

그 처절한 탈출기의 끝을 본 후, 지금 나는 전혀 다른 길을 걷고 있다. 미술과는 관계가 먼 전공을 공부하고 있다. 그런데 지금, 훨씬 행복하다. 여전히 인간관계가 화려하진 않지만, 마음을 주고받는 사람들이 있고, 내 자리라 느낄 만한 장소가 있다. 과거와는 비교할 수 없을 정도로 마음이 안정적이다. 단 한 번도 탈출을 후회해 본 적이 없다.

외롭고 불안했던 미대 생활을 해봤기에 지금의 내가 있음을 안다. 더 잘해 볼 수는 없었을까. 조금만 더 전공과 주위 사람들에게 마음을 열어볼 수는 없었을까.

종종 그런 생각을 하지 않는 것은 아니지만, 또 생각해 보면 죽을 만큼 외롭고 힘들었기에 탈출할 생각을 할 수 있었을 것이다. 그러니 지금 있는 곳이 내가 있어야 할 자리가 아니라고 느낀다면, 어딘가 다른 곳에 있어야만 할 것 같다면, 그 고통과 외로움이 새로운 삶의 시작점이 될지도 모른다고 생각해 보라. 어쩌면, 당신도 탈출 후의 삶을 거머쥐게 될지도 모른다.

self, 디지털 드로잉, 2020

쓱쓱 그려낸 자화상.
미대 새내기 시절의 나는 참으로 우울했다.
그때가 있기에 지금이 있음을 알지만, 결코 돌아가고 싶지 않은 시간이다.
스무 살의 나, 잘 버텼어.

탈출이란 이름의 터닝 포인트

미술을 그만두기로 결심한 순간에 아버지와 짤막한 대화를 했다.

"나, 학교 다니기 너무 힘들어. 나도 의사할까?"

농담 반 진담 반이었다. 그런데 놀랍게도 아버지의 대답은 "그럴래?"였다. 깜짝 놀랐다. 아버지도 농담이셨을까 아니면 내심 내가 미술이 아닌 다른 길을 가길 바라셨던 걸까? 그래도 몇 년이나 그림을 그렸는데, 이렇게 쉽게…?

그러나 아버지의 공감이 나를 살렸다. 공감이었을지, 동의

였을지, 응원이었을지 모를 한마디였지만, 단지 아버지가 그때 오롯이 내 편이었다는 것만큼은 확실하게 알 수 있었다.

아버지는 아마 모르셨을 것이다. 내가 얼마나 궁지에 몰려 있었는지, 얼마나 우울에 허덕이고 있었는지.

미대에 다니며 생긴 우울을 부모님께 알린 적이 없었기에, 아버지의 짧은 한마디의 공감이 눈물이 날 정도로 감사했다. 그 순간 내가 얼마나 축복받은 사람이었는지 다 헤아릴 수 없었다.

아버지와 조금의 대화를 더 이어 나갔다. 그리고 그날 당장 서점에서 초등학교 4학년이 푸는 수학 교재를 샀다.

나는 수포자였다. 당시 미대 입시는 수능의 국어, 수학, 영어, 사회/과학탐구 4개 과목 중 3가지만 기준을 맞추면 됐기에 대부분 가장 시간이 오래 걸리는 수학을 제외했다.

예고를 나온 나는 미적분의 개념조차 배우지 않았었다. 의대는 전국의 이과 수재들이 모이는 곳이어서 내 수학 성적은 남들보다 뒤처져도 한참이나 뒤처진 상황이었다.

아버지와 결정적 대화를 한 건 10월 말. 수능까지 딱 1년 남은 시점이었다. 당시 의대에 다니고 있던 오빠는 내가 의대에 합격하는 일은 불가능할 거라 말했다.

그런데 이상하지. 바닥부터 시작해서 한 번 더 도전하면 될 것 같았다. 아마 지금이 너무 끔찍해서 벗어나야겠다는 생각만이 강했기 때문일 것이다. 눈앞에 반짝반짝 빛나는 탈출구가 보였고, 그곳으로 가야겠다는 생각밖에 없었다. 그렇게 결정한 순간, 수만 갈래의 근심이 단 한 개의 결심으로 응축되었다.

그래, 의대를 가자. 다른 길을 걷자. 그럴 기회가, 아직 내게는 있다!

전공을 바꿔 다시 공부하는 일이란 부모님의 정서적, 물질적 지원 덕임을 안다. 하지만 그것뿐만은 아니었다. 공부에 대한 전략과 적절한 방향 설정, 뚜렷한 목표, 좋은 선생님, 입시 정보와 자료, 남들과의 성적 격차를 줄이기 위한 엄청난 공부량. 그리고 무엇보다도 중요한, 간절한 목표 의식이 필요한 일이었다. 그렇게 나는 뜨겁게 이글거리는 간절함을 품고 탈출을 감행했다.

이 모든 것이 의미가 있으리라 믿으며, 1년의 경험을 글로 옮겨 본다.

I know there is always a bus stop, acrylic on canvas, 2017

미대 2학년 때 그린 그림.
제목 그대로 선택지에 관한 이야기다.
나는 거기에 정류장이 있음을 안다. 그저 거기까지 가서 버스를 잡아타기만 하면 된다.
용기만 있다면 기꺼이 떠날 수 있다.
많은 걸 포기해야 한다고 해도, 선택지는 거기에 있다.

다시 출발! 그런데 어디로?

미술을 그만두고 의대에 도전하기로 했다. 이제 어쩐다? 무엇을, 어떻게 해야 할까?

무술 시합에 나가기로 마음먹었다면 적어도 무얼 겨루는지는 알아야 하듯 나 역시 막연히 '공부를 엄청 열심히 한다'를 넘어 공부 로드맵을 짜야 할 때였다.

우선 우리나라에 의대가 몇 군데가 있나 살펴보자. 내가 입시를 했던 2017년 기준으로 의대 수는 41개로, (이후 한 곳이 폐교해서 2020년 기준으로는 40개가 되었다) 매년 약 3천 명의 신입생을 선발한다. 따라서 의사도 매년 대략 3천 명이 새로이 배출되는 셈이다.

대충 전국 이과생 상위 3천 명 안에 들면 된다는 것 같다. 단, 이 중 3분의 2는 수시다. 예술고를 나온 나는 수시로는 가망이 없으니 정시만 따져야 한다. 즉, 1천 명 안에 들어야 한다.

대충이나마 목표를 살펴보았으니 좀 더 구체적으로 무엇을 공부해야 하는지 보자.

우선 가장 중요한 것은 수학이다. 나는 수포자였기 때문에 수학을 정복하는 것이 가장 큰 과제였다.

해마다 조금씩 변동은 있지만 약 60만 명 정도가 수능을 치르고, 그중 수학 가형을 선택하는 사람은 18만 명 정도다. 18만 명 중 1천 명을 퍼센트로 따지면 0.55555555……. 반올림해서 0.56퍼센트. 그래, 까짓것 1년 안에 0.5퍼센트 안에만 들면 되는 거 아냐!

하하. 글을 쓰면서 웃음이 나온다. 나 이거 어떻게 했지? (참고로 교육 과정이 자주 바뀌어 당신이 글을 읽는 시점에서는 이과니, 문과니 하는 구분이 없어졌을지도 모르겠다. 2017년 수능은 국어, 수학, 영어, 국사, 탐구, 제2 외국어로 이루어져 있었다. 이 중 수학이 가형, 나형으로 나뉘어 있었으며, 탐구영역은 사회/과학/직업탐구 세 영역이 있었다. 여기서 이과란 수학 가형, 탐구 과학 영역을 선택한 사람들을 가리킨다.)

어쨌든 공부 잘하는 이과생이 다 의대를 지원하는 건 아닐 테니까. 그러니 상위 0.5퍼센트 안에 들겠다는 마음가짐을 가지면 될 것 같았다.

당시 내 수준은 초등 고학년 수학 문제를 풀 수 있을지 모를 정도였다.

어디서부터 시작해야 할까 살펴보러 서점에 갔다. 서가에 꽂힌 개념서를 죽 둘러보니 초등학교 4학년 과정부터 낯설었다. 그래서 초 4~중 3 과정을 다시 공부하기로 했다.

수능 수학 가형의 출제범위는 미적분 Ⅱ, 기하와 벡터, 확률과 통계. 확률과 통계 빼고는 처음 보는 과목들이다. 이것들을 배우기 위해서는 초등, 중학 수학을 지나 고등 1학년 과정인 수학 Ⅰ, Ⅱ 그리고 미적분 Ⅰ을 거쳐야 한다. 정리하면 다음과 같다.

□ 초등, 중등 수학 : 기본 공식, 개념

□ 수학 Ⅰ, 수학 Ⅱ

□ 미적분 Ⅰ, 미적분 Ⅱ

□ 확률과 통계

□ 기하와 벡터

과학탐구는 2017년 기준 생명과학 Ⅰ, Ⅱ 지구과학 Ⅰ, Ⅱ 화학 Ⅰ, Ⅱ 물리 Ⅰ, Ⅱ 총 8가지 과목 중 2가지를 선택해야 했다. 이중 Ⅱ는 깊이가 있는 심화 과정이기 때문에 Ⅱ 선택이 필수인 서울대학교 지망생이나 과고 출신 또는 과학에 자신 있는 사람이 많이 선택한다. 나는 이 중 어디에도 해당되지 않기 때문에 Ⅰ만 두 가지 고르기로 했다.

일단은 고등학교 때 겉핥기라도 해 본 생명과학 Ⅰ과 화학 Ⅰ을 선택했다.

영어와 국어는 다행히 자신이 있었다. 미대 입시를 준비할 때도 영어와 국어만큼은 항상 1등급을 무리 없이 유지했기에, 이번에도 든든한 버팀목이 되어 줄 것이라고 생각했다. 그러니 패스. 국사도 고3 때 꽤 꼼꼼히 공부했으니 금방 해결할 것 같다. 이것도 패스.

결국, 내가 넘어야 하는 과목은 수학과 과학이다. 앞으로 공부해야 할 내용을 대략 정리하면 〈초등수학, 중등 수학, 수학 Ⅰ, 수학 Ⅱ, 미적분 Ⅰ, 미적분 Ⅱ, 확률과 통계, 기하와 벡터, 생명과학 Ⅰ, 화학 Ⅰ〉이다.

의대를 생각하고 공부한 다른 수험생들이 중학교, 고등학교에 다니며 수년간 배운 내용을 나는 일 년 안에 배워야 한다. 초스피드로 진도를 빼지 않으면 내용을 다 살펴보기조차 힘들 것이다. 그러나 단순히 배우는 것만으로는 안 된다. 수능에서 무조건 0.5퍼센트 안에 들어야 의대에 갈 수 있다.

남은 시간은 1년. 오케이. 목표 설정 완료. 방향 설정 완료. 현재 상황 파악도 완료. 자취방 철제 책상에 앉아 초등학교 수학 교재를 꺼낸다. 오늘 목표는 초등수학 개념서 두 권을 전부 푸는 것. 출발 신호가 울린다.

준비…

시작!

출발, 디지털 드로잉, 2020

남들보다 수년 뒤처진 출발선 앞에 섰다.
도전의 시작을 알리는 것, 달리는 것도 모두 나 자신이다.
정상까지 다다를 수 있을지는 아직 알 수 없지만,
최선을 다해 달리는 수밖에.

결심의 원동력은 간절함

자취방에서 독학하는 동안 단 하루도 빼놓지 않고 지킨 일정은 아래와 같다.

아침 6시. 알람이 울리자마자 기상.

씻고 아침을 먹으면 6시 40분.

커피를 챙겨 책상 앞에 착석.

정오까지 공부.

식사는 주로 조리가 간편하고 빨리 먹을 수 있는 볶음밥.

한 시간 안에 먹고, 설거지까지 끝낸 후 다시 착석.

저녁 시간까지 무거운 엉덩이를 의자에 붙이고 공부한다. 집중, 집중. 남은 문제집의 두께가 차츰 줄어든다.

벌써 저녁 먹을 시간이다. 밥 먹을 시간도 아깝다.

짧은 식사, 다시 착석.

어라, 시계를 보니 밤 11시다. 오늘 분량은 다 끝냈나? 정해 놓은 공부량을 마친 것은 스터디 플래너를 펼쳐 동그라미를 친다.

이제 책상 정리를 하고 잘 준비를 한다. 세수하고 침대에 누우니 11시 50분. 내일 알람을 설정하고 불을 끈다. 이렇게 또 하루가 끝났다.

신기한 점은 이 모든 과정이 자발적으로 이루어졌다는 것이다. 아무도 시키지 않았지만 해야 할 일이 많아 일분일초를 아껴 써야 했다. 일반적인 학원을 가기엔 진도가 너무 뒤처져 있어 자취방에서 혼자 문제집과 씨름하던 시절이었다.

중학 수학의 도형 파트가 생각보다 어려워서 끙끙댔던 기억이 난다. 7평 남짓한 연두색 벽지의 홍대 앞 자취방. 그 구석에서 그저 기계처럼 문제집을 풀었다. 내게 허락된 일은 수학 공부뿐이라는 듯이. 당연하게.

그런 경험이 있을 것이다. 마감일이 얼마 안 남으면 초인적인 집중력이 발휘된다. 수 시간을 앉아 있어도 정신력이 닳지 않는다. 눈에 보이는 것은 오로지 처리해야 하는 업무뿐이다. 그 외의 것들은 먼지처럼 희미해진다.

그런 집중력이 수개월 동안 이어진다고 상상해 보라. 무슨 일이든 이룰 수 있을 것 같지 않은가?

장기적인 목표를 이루어 내는 것은 나의 집중력을 얼마나 온전하게, 오랫동안 쏟을 수 있느냐에 달렸다. 하루 이틀 결심에서 끝나지 않고, 수십 또는 수백 일의 실천으로 이어지는 것. 결코 쉽지 않은 일이다.

각자가 처한 상황과 환경이 목적을 우선시하는 것을 방해한다. 유혹에 약한 인간의 본성도 결심을 흐리게 한다. 30분 이상 집중하기 어렵게 만드는 휴대폰과 유튜브의 손짓은 말할 것도 없다. 그럼에도 불구하고 사람들은 해낸다. 기적과도 같은 일을 이루어 낸다. 그 일을 해내야 하는 이유를 스스로 알고 있었기 때문이다.

각인시켜야 한다. 스스로에게 간절하게, 처절하게. 내가 이 일을 어떻게든 해야만 한다고 느끼는 게 중요하다.

행위에 당위성이 부여되면 거침이 없어진다. 목적의 실현이야말로 인생의 최우선 순위가 된다. 그래야 장기전에서 길을 잃지 않는다.

그러니 이루어야 할 일이 있다면 스스로에게 질문해 보라. 왜 이 일을 이루어야 하는가? 이 길이 유일한 선택지인가? 나는 왜 이 방법을 선택하고자 하는가? 나는, 간절한가?

최선의 선택은 존재하지 않는다. 무엇이 최선인지 결코 알 수 없기 때문이다. 그러나 당신 마음에 간절함이 있다면, (최선일지는 몰라도) 그 길이 끝내주는 결과를 가져올 가능성이 매우 높은 선택지임은 분명하다. 당신은 그 길을 끝까지 걸을 확률이 높기 때문이다.

지속할 수 있는 힘은 간절함에서 나온다. 간절함이란 이유다. 간절함은 당신이 이 일을 해야만 하는 이유이기도 하다.

이유, 디지털 드로잉, 2020

이루어야 하는 일이 있다면 한 번 더 스스로에게 질문해 보자.
반드시 이 일을 해야만 하는 이유는 무엇인가?
이유를 아는 사람은 간절하다.
그리고 끈질기다. 그렇기에 어떻게든 해내고야 만다.

자취방을 떠나며

다시 공부하겠다고 결심한 것이 10월 중순이니 아직 학기 중이었다. 당시 조별 과제를 해야 하는 전공 수업이 있어 조별 과제 발표까지만 마무리한 후 학교에 나가지 않았다. 이전 학기까지만 해도 풀 개근에 학점 4점대를 유지하던 모범생이었는데, 실기실에 있어야 할 시간에 자취방에서 공부하는 느낌이 묘했다.

혹시나 하는 마음에 종강하는 날까지는 학교 앞에 머물기로 했다. 급한 일이 생겨 누군가가 날 찾을 수도 있고, 같은 조 동기한테 이 이상 민폐 끼치고 싶지 않았으니까.

다행히 학교에서 나를 찾는 일은 없었고, 그렇게 12월이 되었다.

당시 진도는 중학 수학을 모두 끝내고 수 Ⅰ, Ⅱ의 수학의 정석을 인강(인터넷 강의의 준말)과 함께 듣던 때였다. 고등학교 1학년 과정으로 심화 과정을 이해하기 위한 방정식과 도형의 기본. 수의 분류, 이차 함수까지를 배운다(지금은 교육 과정이 바뀌었을 수도 있다). 아직 과학 공부는 시작하지 않았다. 일단 수학 진도를 나가는 것이 우선이었다.

그러던 와중 종강하는 날이 왔다. 떠날 때가 되었다. 원룸 주인아주머니께 다음 주에 나가겠다고 연락을 드렸다. 그전에 이번 달까지만 있을 거라 미리 얘기한 상황이었다. 아주머니는 내가 방을 예쁘게 꾸며서 졸업할 때까지 있을 줄 알았다고 아쉬워하셨다.

나는 혼자 있는 시간을 목숨처럼 사수하는 집순이다. 그래서 대부분의 시간을 보내는 집을 아주 중요하게 생각한다.

어찌 됐건, 비록 반년밖에 머물지 않았지만 꽤나 정들었던 자취방을 떠나는 건 돌이킬 수 없는 강을 건너는 중대사 같았다. 첫 자취였기에 설레는 맘으로 가구 하나하나를 골라 채운

나만의 방.

저도 이렇게 일찍 떠나게 될 줄 몰랐어요. 인생 참 모르는 일이네요.

그날 밤, 학교 홈페이지에 접속해 휴학 신청 버튼을 눌렀다.

휴학 신청. 나에게는 너무나 중요한 일인데 클릭 몇 번으로 간단하게 끝났다. 휴학하는 사유에 대해 장황하게 생각해 두었는데, 사유를 쓰는 칸은 없었다.

'사유 : 기타'에 체크하고 휴학 신청 버튼을 누르면 끝이었다. 이제야 실감이 났다. 나는 고대하며 들어온 이 대학을 떠날 참이구나. 수년을 걸어온 길을 내버리는구나. 잘 된다는 보장도 없이. 쌓아온 것을 전부 내려두고서.

부디 이 선택을 후회하게 되지 않기를 바랐다. 첫 자취방에서의 마지막 밤이 그렇게 흘렀다.

자취방, 디지털 드로잉, 2020

생각보다 일찍 자취방을 떠나게 되었다.
좁은 원룸을 꾸며 보려 노력해 보았지만,
이렇게 일찍 떠나게 될 줄이야.
안녕, 나의 정든 자취방. 다음엔 더 오래 머물 사람을 만나길.

독학 재수 학원과 빠다코코낫 우정

독학 재수 학원. 말 그대로 독학으로 재수를 준비하는 사람들을 위한 학원이다. 이 학원은 모든 스케줄이 짜여 있고 과목별 선생님이 있는 재수 종합 학원과는 다르다.

우선 공부 계획을 스스로 조정할 수 있고, 과목별 단과 강의를 선택해 들을 수 있다. 대부분의 공부 시간은 인강이나 교재를 통해 채운다. 비교적 공부 계획이나 스케줄이 자유롭다 보니 종합 학원보다 다양한 사정의 사람들이 다닌다.

또 일반적인 재수 학원 스타일과 맞지 않는 사람들도 온다.

나는 고1 과정을 수학의 정석으로 독학하고 있던 터라 고3 과정을 수업하는 대형 재수 학원에 시험조차 볼 자격이 없었다. 그래서 6평(6월 평가원 모의고사) 전에 진도를 마무리하고 대형 재수 학원에 도전해보기로 했다.

아직 1월이었다.

독학 재수 학원을 알아보느라 여러 군데를 다녔지만, 역시 중요한 건 접근성과 시설이다. 또, 나는 공부해야 하는 범위가 넓어 단과 수강을 강요하지 않는 학원이어야 했다. 시설은 적당히 깔끔하기만 하면 됐다.

독학 재수 학원은 요즘 유행하는 스터디 카페나 우리에게 익숙한 독서실 풍경과 비슷하다. 여기에 식당과 사무실, 강의실 몇 개가 더해진 형태다.

나는 집에서 차로 20분 거리에 있는 학원을 골랐다. 아침 6시 50분 등교, 밤 10시 하교. 일과는 단순하다.

등교해서 휴대폰을 제출하고 식사 시간 외엔 자습. 자습 시간엔 문제집을 풀거나 인강을 들어도 된다. 필요하다면 허락을 맡고 과외를 받으러 다녀와도 되고, 쉬는 시간에는 옥상에 올라가 잠시 쉴 수 있다.

자취방에서의 외로운 싸움을 끝내고 독학 재수 학원에 등록

하니 기분이 새로웠다. 입시가 하나의 게임이라면 한 챕터를 마무리하고 새로운 챕터로 도입하는 느낌이랄까. 대학 입시는 마치 여러 중간 보스를 거쳐 수능이라는 최종 보스를 쓰러뜨리는 게임 같다.

독학 재수 학원 분위기는 무척이나 삭막했다. 어쨌든 재수 학원이니까 치열한 사람들이 모인다. 나이대도 다양했다. 검정고시를 준비하는 10대 중반부터 뒤늦게 한의대를 준비하는 30대까지. 학원 내에선 절대 정숙이라 학원생끼리 서로 친해지는 분위기는 아니었다.

그런데 어쩌다 보니 고등학교를 막 졸업하고 재수를 결심한 고등학교 후배와 친해졌다. 매일 함께 점심을 먹으며 이런저런 얘기를 나누었다. 같은 미술과 출신이었다.

대학은 어디를 가고 싶은지, 왜 재수를 하게 되었는지, 나는 왜 미술을 그만두었는지 등을 이야기했다. 실은 그냥 오늘 밥 별로더라 같은 잡담을 제일 많이 했다.

하루 12시간을 독서실 책상에 앉아 공부만 하다 보면 숨이 막힐 때가 있다. 이 숨 막히는 상황을 공유할 수 있는 사람이 있어 다행이었다. 옥상에서 과자를 나눠 먹으며 수다를 떨다 보면 숨통이 트였다. 단 10분뿐인 쉬는 시간이라도.

또 검정고시를 준비하는 청년들이 있었는데 몇 번 대화를 나눠보긴 했지만, 나와는 성격이 잘 맞지 않았다. 그래서 그냥 서먹서먹하게 지냈다.

그러던 어느 날 그중 한 명이 옥상에서 과자를 나눠주며 말을 걸어왔다.

"언니는 여기 왜 오셨어요? 공부는 잘돼가요? 여기 식당 밥 맛없죠?"

먼저 말을 걸어준 게 고마웠다. 그 후로 간식 정도는 나눠 먹는 사이가 됐다. 포스트잇이나 샤프심도 흔쾌히 빌려주고.

고단한 하루 공부를 마무리할 때 인사하는 사이. 어차피 이 학원을 나서면 영영 안 볼 관계겠지만 그래도 미묘한 동료애가 생겼다.

그런데 이상하지. 그날 집에 와서 기분이 너무 좋았다. 나눠 먹은 과자 한 개가 꼭 지금 잘하고 있다는 응원 같았다. 예의상 건넨 간식이었을 텐데, 잘 지내보자는 인사 같기도 해서 기뻤다. 누군가 다가왔다는 사실 자체에 감동을 받았다.

바삭바삭. 과자가 달았다.

나는 그리도 외로웠던 걸까.

힘든 시절을 함께 겪으면 동지애가 생긴다고 한다. 하윈 건

물 편의점에서 산 과자로 이어진 은근한 우정. 비록 다시 볼 일은 없겠지만, 그날 당신의 작은 배려가 참 고마웠다. 덕분에 그 지친 하루를 버틸 수 있었다. 스쳐 지나가는 인연이라도 서로에게 위로가 될 수 있다는 걸 당신에게 배웠다.

한 편의 여정을 완결 지은 지금에야 말해 본다.

고마웠어요. 당신이 건넨 빠다코코낫 한 봉지에 나는 말할 수 없을 정도로 위로받았답니다. 당신도 어딘가에서 꿈을 이루어 훨훨 날고 있기를. 단단하게 살아가고 있길 바라요.

빠다코코낫 우정, 디지털 드로잉, 2020

바삭하고 달달한 빠다코코낫의 맛을 아시나요?
재수 학원의 서먹하고 또 풋풋한 우정을 더하면
한층 더 달달해진답니다.
……
그때 정말 고마웠어요.

독서실 책상의 정서

한때 드라마에 나왔던 '예서 책상' 스타일이 인기였다. 딱 한 명 앉을 수 있는 좁은 폭에 양옆이 가려져 집중하기 좋은 형태. 때로는 아예 작은 방 형식으로 나오기도 한다. 책 놓을 자리도 넉넉하고 따로 조명까지 달려 있다. 그야말로 집 안의 1인 독서실이다.

나는 개인용 독서실을 가져본 적은 없지만, 독서실 책상에 하루 종일 앉아 있었던 경험은 있다. 그것도 꽤 길다. 반년은 독서실 책상에서, 나머지 반년은 교실 책상에서 보냈다. TV 드라마에서 나오는 예서가 쓴 것처럼 고급 책상은 아니었지만.

독학 재수 학원(이하 독재 학원)의 책상은 싸구려 합판으로 만든 것 같았다. 그냥저냥 튼튼하고, 별로 디자인이랄 게 없는 보급형 독서실 책상. 사용한 지 오래되어 여기저기 부서진 부분도 있었다. 보기만 해도 상상력이 메말라버릴 것 같은 책상이었다. 그러나 무엇이든 의미를 부여하면 가치를 얻는 법.

센스라곤 찾아볼 수 없는 책상에도 낭만은 있었다. 열정이 하루 종일 궁둥이를 붙이고 있다 보면 없던 정도 생긴다. 매일같이 출석하는 내 자리의 내 책상. 풀어야 하는 문제집과 교재와 프린트로 빼곡히 쌓인 선반. 모두 꿈을 쌓아 올린 모습이다.

때로는 낡아서 더 정이 가기도 한다. 볼품없음이 애틋함을 자극한다. 낡고 가련한 책상에서 원대한 꿈이 실현된다니 시적이지 않은가. 사실 그렇게라도 믿어야 버틸 수 있는 것인지도 모르겠지만. 도움이 된다면 무엇이든 이용해야 할 때니까. 독재 학원 책상에 의미 부여하는 절박한 감성마저 버리지 못한다.

아무렴 어때. 긍정적인 게 좋은 거지. 지나치게 감성적인 기

아니냐는 물음은 넣어 두자. 그렇게 여유로운 상황이 아닌걸.

이 책상에 애정을 붙여서 한 시간이라도 더 앉아있을 수 있다면 그만큼 꿈에 가까워질 것이다.

감성인지 절박함인지는 그다지 중요하지 않다.

일단 책상에 앉는다. 스톱워치를 켜고, 문제에 정신을 집중한다. 이러나저러나 못생긴 독서실 책상은 내 팔을 든든히 받친 채로.

NEIN

풍경, 디지털 드로잉, 2020

독서실 책상 디자인은 참으로 건조하다.
감성이 건조하다 못해 말라비틀어질 것 같은 모양새다.
그럼에도 수십 또는 수백 시간을 앉아 있으면,
약간의 애정이 싹트는 것 같다.

새벽 어스름에 셔틀버스를 타고

졸리다. 너무 졸려도 어제랑 딱히 다를 건 없어서 익숙하다. 다들 자거나 휴대폰을 보고 있다. 하나같이 피곤한 모양새다.

아침 6시에 일어나 씻고 간단하게 아침을 먹은 후 6시 50분에 학원 셔틀버스를 탄다. 빠듯한 날엔 학원 1층에 있는 빵집에서 아침을 먹는다. 독학을 시작하는 하루의 아침. 그리 상쾌한 모양새는 아니다.

많은 사람이 생존을 위해 매일 아침 일찍 일어나 하루를 준비하겠지만, 가끔은 그 당연한 일이 버거울 때가 있다. 아침

해와 함께 일어나며 움직이지 않는 몸을 억지로 일으킬 때.

가끔은 이렇게까지 해야 하나 싶어 다 놓아 버리고 싶다. 이런 날엔 아침이 반갑지 않다.

이럴 때야말로 시스템의 힘이 빛난다. 매일매일 자동으로 입력된 아침의 루틴이 내 몸의 자동 운전 모드를 켠다. 적당한 옷을 입고 집 밖을 나선다.

피곤해도 할 일은 해야지. 아직 커피도 마시지 못해 정신이 없다.

버스는 기다리지 않으니까 늦지 않게 서둘러 가는 수밖에.

학원에 도착하면 7시 반. 아직 30분의 시간이 있다.

오늘은 슈크림 빵을 먹기로 한다. 빵집에 가니 막 문을 열었는지 알바생이 바닥을 청소하고 있다. 이른 시간인데 뭘 사기가 죄송하다. 그렇지만 지금 뭐라도 먹지 않으면 12시 반까지 공복일 것이다.

공부도 밥을 먹고 해야지. 슈크림 빵에 아이스 아메리카노를 테이크 아웃한다. 알바생도 피곤한 눈치다.

우리 모두 사는 게 이렇게나 힘드네요.

속으로만 생각한다.

상쾌한 아침은 어떤 모양일까 상상해 본다. 사그락거리는 새하얀 침구에서 눈을 뜨면 따듯한 햇살이 몸을 비춘다. 창문으로 들어오는 바람이 상쾌하다. 덥지도 춥지도 않은 딱 알맞은 온도. 잘 잤는지 온몸이 가볍다. 기지개를 켠다. 햇빛에 비친 먼지들이 춤을 춘다. 새로운 하루의 시작이 설렌다.

이 모든 일을 마무리하고 나면 완벽한 아침을 맞을 수 있을까? 의대에 합격하고 나면 아침이 상쾌해질까? 비록 우리 집에 호텔 침구 같은 새하얀 이불은 없지만, 자고 나면 피로가 싹 풀리고 새로운 내일이 기다려질까.

정말 진심으로, 간절하게, 그런 날이 왔으면 좋겠다.

떨어졌을 때의 일은 생각도 하고 싶지 않다.

그래, 합격하려면 공부해야지. 상쾌한 아침을 위해서, 공부한다. 묵묵히.

오전 6시 50분, 디지털 드로잉, 2020

새벽에 학원 셔틀버스를 타면 다들 비몽사몽이다.
같이 밥 먹는 학교 후배, 말 한번 안 해본 옆 옆자리 언니도 곤히 고개를 기댄 채다.
이렇게 또 재수 학원의 하루가 시작된다.

과외 선생님과의 운명적 만남

나는 과외를 해본 적은 있어도 받아본 적은 없었다. 워낙 비싸기도 하고 학교와 학원, 인강만으로 충분히 공부할 수 있기 때문이다. 하지만 의대를 가겠다고 한 이상, 쓸 수 있는 수단은 모두 써야 했다. 교육부가 대한민국의 학생들을 위해 작성한 3년짜리 커리큘럼을 단번에 뛰어넘기 위해서는 그 비싸다는 과외도 기꺼이 시도해 볼 만했다.

과외 받을 과목은 수학.

쉬운 난이도의 문제 풀이까지는 어떻게든 혼자서 해냈지만,

킬러 문제(문제를 틀리게 하려는 의도가 다분해 응시생들의 정신을 Kill 한다는 뜻으로 쓰임. 보통 최고난도 문제를 가리킴.)와 미적분 등 어려운 과목의 접근은 제대로 된 체계를 잡아 배워야 했다.

좋은 스승의 유무는 학습 성과를 결정짓기도 한다. 나는 최선의 방법을 선택하고 싶었다. 그렇게 수학 과외 선생님을 찾게 되었다. 그런데 우연히도 어머니가 밴드를 통해 오랜만에 만난 친구가 수학 전문 과외를 하신다고 했다. 어쩜 이리도 타이밍이 기가 막히는지!

그렇게 그분에게 과외를 받게 되었다. 그런데 또, 어쩜, 어쩜!! 어머니 친구분은 나랑 성향이 딱 맞았다. 폭풍처럼 밀고 가는 수업 진도와 어마어마한 양의 숙제, 적당한 정도의 엄격함과 긴장감. 완벽하게 내가 원하던 강의였다.

그렇게 수학 과외 선생님을 만난 이후론 주 2회의 과외 수업과 인터넷 강의, 문제 풀이를 병행했다. 이렇게 공부하니 혼자서 어렴풋이 헤쳐 가던 여정에 가속도가 붙었다. 나아갈 방향이 확실하게 제시되니 고민 없이 열심히 공부만 해도 돼서 효율이 확 올랐다. 독학 재수 학원에서 공부하는 동안에는 계속 이런 방식으로 진행했다. 이렇게 공부한 지 여러 주가 모여 여러 달이 되니 어느새 미적분 Ⅱ와 기하와 벡터를 마무리하고 있었다.

5월이었다. 선생님과 함께 6월 평가원 모의고사를 준비했다. 이 결과로 대형 재수 학원에 들어갈 수 있을지가 결정될 터였다. 동시에 내가 어디까지 왔나 확인할 기회기도 했다.

선생님과 수업을 하며 스킬을 전수받고, 수많은 시험을 보고, 수없이 많은 문제를 풀었다. 이 모든 것이 의대 입학 준비를 마무리할 때까지 값비싼 자산이 되었다.

게다가 선생님과 나는 성향이 잘 맞았다. 선생님께서는 이공계 출신 여성의 삶의 고생스러움을 이야기해 주셨다. 내가 가고자 하는 길에 대한 조언과 어떤 어려움이 따를지에 대한 충고, 그리고 그럼에도 너는 잘 맞을 것 같다는 격려까지.

선생님의 진심 어린 위로와 응원은 내가 공부하는 데 큰 힘이 되었다. 감사함과 원인을 뚜렷하게 말할 수 없는 어떠한 우정을 느꼈다.

사실 이전까지 과외에 대한 인식이 그리 좋지는 않았다. 대학생 과외의 경우 뭘 믿고 그렇게 큰돈을 주고 맡기나 싶었고, 사교육에 그렇게까지 할 필요가 있나 싶은 마음이 있었다. 하지만 다시 공부하며 만난 과외 선생님은 내 모든 편견을 싹 뒤집어주었다.

선생님을 만난 것은 최고의 행운이었다. '의대 입학'이라는 목표 달성에 성공한 것을 선생님께 돌리고 싶을 정도로.

필요한 상황에 필요한 사람을 만나는 건 흔한 일이 아니다. 나는 운이 좋았다. 공부하고자 하는 수많은 사람이라면 누구나 나와 같이 완벽한 스승을 만나길 바란다. 좋은 스승은 당신의 공부 길을 확실하게 넓혀 줄 것이다. 그리고 그런 행운을 얻게 된다면, 그런 만남을 성사시켜준 이 세상과 최고의 선생님께 감사함을 전하자. 이 글을 통해 말해 본다.

선생님, 정말 고맙습니다.

Test, 디지털 드로잉, 2020

처음 테스트하던 날에는 손이 떨릴 정도로 긴장했다.
혼자서만 시험을 보다 선생님과 함께 시험을 보니 엄청 부담스러웠다.
지금부터 이렇게 떨리면 수능은 또 어떻게 본담.

산소 호흡기 같았던 독서 시간

하루 12시간씩 공부만 하다 보면 인간성이 닳는다. 그래서 공부만 하는 기계 같은 일상이 버거운 순간이 오는데, 이때는 눈도 마음도 바짝바짝 마르고 만다.

어느 날, 단비가 필요했다. 내가 다니던 학원 1층에 서점이 있었다. 나는 과외를 받고 있었기 때문에 자습 시간 중에 외출할 수 있었다. 과외 수업이 끝나고 바로 학원으로 들어가지 않고 서점에 들렀다. 얼마 만에 맡는 책 냄새인지. 물론 문제집 냄새야 매일 맡고 있지만. 그건 그거고, 이건 이거다.

신간 코너와 베스트셀러 목록을 쓱 둘러보았다. 그 잠깐이 행복했다. 원래 내 취미는 서점에 가서 새로 나온 책들을 천천히 둘러보는 것이다.

평소보다 학원에 늦게 들어가면 혼난다. 혼나기 전에 얼른 하나 골라서 돌아가야지.

책을 고르는 기준은 제목과 목차. 혹은 그냥 마음이 끌리는 것. 표지가 취향인 책도 소장 욕구를 자극한다.

아무래도 공부 중이니까 자기계발서처럼 보이는 책을 골랐다. 알고 보니 자기계발서가 아니라 심리학책이었는데, 여러 번 읽어도 공감되는 부분이 없었다. 사례 두 개 정도 소개하고 일반화를 시키는데 논리의 비약이 너무 심해서 화가 났다. 이런 책이 베스트셀러라니! 이 책이 베스트셀러가 된 이유를 당최 이해할 수가 없었다(결국 이 책은 나~~중에 중고 서점에 팔았다).

첫 번째 시도는 실패다. 그래도 오랜만에 책을 봐서 나쁘지만은 않았다. 이번엔 집에 있는 책 중에 찾아볼까.

우선 오빠 방 깊숙한 곳 책장을 살핀다. 《닥터 노먼 베쑨》. 의사에 관한 책인가? 난 곧 의사가 될 테니 이 책으로 하자!

아침 자습을 시작하기 전이나 점심시간, 계획한 하루 공부

분량을 끝내고 남은 시간에 틈틈이 이 책을 읽었다. 때로는 공부가 집중이 안 될 때 잠깐 읽기도 했다.

독서도 정신적 에너지를 꽤 소모하는 활동이다. 글 읽는 게 힘들어지면 공부를 하고, 공부하다 힘들어지면 책을 읽었다. 이렇게 시간을 내어 조금씩이라도 책을 읽으니 하루를 보내는 시간이 더 재미있게 느껴졌다. 공부가 아예 재미가 없는 건 아니지만, 사람이 어떻게 한 가지 일만 하고 살겠는가.

잠깐잠깐 책에 몰입해 닥터 헨리 노먼 베쑨(Henry Norman Bethune)이 되는 순간들이 생겼다. 헨리 노먼 베쑨은 캐나다 출신 흉부외과 의사다. 그는 폐결핵 치료를 위한 혁신적인 접근법을 개발했으며 중일 전쟁 때 중국으로 의료 봉사를 떠나 참된 인도주의자의 삶을 산 역사적인 인물이다.

왜 이 책이 우리 집에 있었던 걸까. 그리고 왜 지금 알았을까! 공부만 하기도 바쁜 와중에 취미를 즐겨도 괜찮았을까.

때론 책이 너무 재미있어서 공부에 방해되는 순간들도 없지는 않았지만, 대체로 효과는 긍정적이었다. 책을 읽은 후 일상에 생기가 생겼고, 책을 읽고 나면 공부할 때 집중과 몰입이 더 잘 됐다. 무엇보다 좀 더 하루가 살 만 해졌다. 아주 중요한 변화다.

내가 의대 가려고 아무리 공부만 한들 당상이 끔찍하고 불행하기만 해서는 안 된다. 지금 내 삶도 삶이니까. 내 삶의 소중한 하루하루니까. 일단 내가 살아야 한다.

그런 의미에서 독서는 숨 막히는 일상의 산소 호흡기가 되어 주었다. 이후에도 1년 동안 많은 책을 읽었다. 자기계발서, 소설, 인문학 등. 입시를 준비한다고 해서 눈 뜨고 있는 시간에 무조건 공부만 할 필요는 없다.

때로는 공부하는 사람도 숨 쉴 시간이 필요하다. 공부란 장거리 레이스니까. 그 어떤 순간에도 삶은 살 만해야 하니까.

다음은 그해 스터디 플래너에서 건져 올린 책에 대한 메모들이다.

1월 8일

쉴 때 읽을 책을 마련하는 것도 좋을 것 같다.

4월 6일

《나는 나로 살기로 했다》를 조금 읽어 봤는데, 글을 출판할 수 있으려면 여러 사람에게 보편적으로 공감될 수 있거나 도움이 되는 내용이어야 하는 것 같다. 그저 내 감상을 적은 것만으로는 충분치 않다. 다수에게 적용 가능한 시대에의 통찰과 조언이 필요하다.

9월 23일

'관습적으로 생각하고 사는 것은 내 인생에 주어진 즐거움과 기회, 마법 같은 순간을 놓치는 일이다.'

'산다는 건 그런 것이다. 가슴 아프고, 영혼을 치유하고, 놀랍고, 지독하고, 평범한 것이다. 그리고 숨이 멎을 듯이 아름답다.' - 《5초의 법칙》 중

Book, 디지털 드로잉, 2020

공부하는 동안에도 틈틈이 책을 읽었다.
어떤 순간에도 삶은 살 만해야 하니까.

'독서'가 주는 실질적 이득

내가 다시 공부를 시작할 수 있었던 건 국어 과목과 영어 과목 기본기가 탄탄했기 때문이다. 미대 입시를 준비하던 고3 때도 국어와 영어는 든든한 효자 과목이었다. 언어 과목이 강세인 건 어렸을 때부터 책을 많이 읽었기 때문이다. 적어도 독해력은 당시 수능이 요구하는 수준 이상이었다고 자신할 수 있다.

책을 많이 읽으면 진짜 내 인생에 도움이 될까?

된다. 그것도 꽤 실질적인 도움이다. 활자에 익숙하면 많은 부분에서 유리하다. 아무리 세상이 변해도 결국 정보의 전달은 활자 위주다. 요즘에는 유튜브의 발전이 심상찮긴 하지만 그럼에도 글만이 전달할 수 있는 깊이가 있다. 정보 이해와 습득, 맥락 읽기, 행간을 읽는 능력은 무슨 일을 하더라도 평생 도움이 된다. 그리고 이 모든 능력, 즉 '독해력'의 근간은 읽기다.

읽기가 수월하면 쓰기도 잘할 가능성이 높다. 결국 글을 쓰고 고쳐 나가는 건 끊임없이 스스로의 글에 대한 피드백을 하는 과정이다. 많이 읽어 봐야 좋은 피드백을 할 수 있으니 좋은 글을 쓰기도 쉽다.

평소에 책을 많이 읽어 두는 것은 참 써먹을 데가 많은 능력이다. 나만 해도 학교생활 내내 국어 점수는 물론이고 대학에 가서도 논술로 상도 타고 장학금도 벌었다. 읽기를 좋아하니 결국 쓰기에 이르러 이렇게 글도 쓰고 있다. 잘 쓰는지는 모르겠지만.

인생의 터닝 포인트가 된, 다시 수능 준비를 했던 시간을 버틴 것 역시 과장을 보태면 독서 덕에 가능했다.

책, 왜 읽는가? 사실 독자 모두 각각의 대답을 갖고 있으리라 생각한다. 그럼에도 불구하고 마음의 양식과 정서적 고양

외에도 꽤 실질적이고 구체적인 이득도 있다는 걸 얘기하고 싶었다. 독서로 이득 본 사람이 전한다. 읽기는 절대 배신하지 않는다.

그렇다고 해서 책 읽기를 강요해서는 안 된다. 혹여나 이 글을 읽고 아이에게 독서의 중요성을 설파하실 학부모 독자님을 위해 덧붙인다.

책 읽는 습관은 억지로 시킨다고 생기는 것이 아니다. 좋다고 강요하면 오히려 독서에 관한 흥미를 영영 잃을 수 있다. 스스로가 책을 찾아 읽는 모양이 되어야 한다.

부모 스스로가 읽기를 즐기는 솔선수범을 보인다면 아이도 자연스레 흥미가 생길 것이다. 나 역시 어머니께서 책 읽기를 즐기셨고 집에 책이 많다 보니 자연스럽게 독서를 취미로 하게 됐다.

강제하지만 말라. 본인 스스로 독서의 즐거움을 깨달아야 한다.

책과 이야기, 디지털 드로잉, 2020

이야기가 너무 흥미진진해
쉬는 시간이 끝났는데도 놓지를 못했던 적이 있다.
스토리의 흡입력은 참으로 무섭다.

스터디 플래너에 쓴 일기

장기적인 학습 목표를 세워 공부한다면 스터디 플래너가 필요하다. 각자 나름대로의 플래너 활용 노하우가 있을 것이다. 내 스터디 플래너 활용법을 소개하겠다.

나는 플래너 앞부분은 공부 계획과 체크리스트, 뒷부분은 온갖 생각들을 적는 메모장으로 활용했다. 언제 어디서 신박한 생각이 튀어나올지 모르니 항상 메모할 준비가 되어 있어야 한다. 그게 재수 학원에서라도 말이다.

공부하면서 메모장에 썼던 것들을 소개하고 싶다. 하루를 마무리하며 담담히 적은 일기 같은 글도 있고, 부끄럽지만 자작시도 있다. 글을 쓴 날짜도 기록했는데, 신기하게도 글을 읽으면 그때의 상황이 고스란히 생각난다.

읽던 책의 인용문도 있고. 깊은 생각도 얕은 생각도 있다. 공부하면서 참 많은 생각을 했구나. 그때의 생각들에 꼬리표를 붙여 본다.

1월 8일

'아는 것 자체도 재미있지만, 공부에 어떤 다른 쓰임새나 의미가 있을 수 있을까? 아는 것, 배우는 것은 내 시야를 한 차원 넓히는 열쇠가 된다. 그러나 지금 이 수능 공부는 그런 측면에서 접근하기엔 너무도 시간 집약적, 압축적이다.

그럼에도 이 공부에서도 재미를 느낄 수 있도록 최선을 다해 알려고 해 보자. 하루 10시간씩 책상 앞에서의 1년은 내용을 즐기지 않는 한 견딜 수 없을 것이다. 괴로운 과정이지만 괴로움이란 그 뒷면에 쾌락 또한 존재하는 양면적인 것임을 나는 알고 있다. 양쪽을 충분히 즐길 수 있도록 사무치게 열심히!'

와, 부끄럽다!

스터디 플래너에 쓴 첫 글이다. 조금 변태 같다. 어떻게든 공부를 즐겨 보려는 절박함이 느껴진다. 힘든 시간을 어떻게 버텼나 싶기도 하다.

3월 30일
나는 기질이란 말을 좋아하는데, 성격이라는 단어보다 덜 결정적이기 때문이다.

상당히 긴 글인데 한 문장만 뽑았다. 기질이라는 단어를 자주 쓰는데 이때부터 의식하고 있었구나.

음… 플래너에 쓴 글은 다 너무 개인적이다. 심지어 아무한테도 보여 줄 일이 없으니 솔직하게 쓸 수 있어 좋다는 메모도 있다. 찔린다. 미래의 내가 들춰 보고 공개할 줄은 꿈에도 생각지 못했겠지.

8월 8일
내면의 호수가 말라감을 느낀다. 풍부한 경험, 공감, 고뇌를 통해 샘이 차오른다. 지금의 이 반복적이고 단조로운 경험은 호수의 옆 벽면만을 단단하게 굳히고 있으니. 혹여 흙을 허물어 호수의 폭을 넓히고 싶을 때 지금 쌓는 것들이 방해되지 않기를. 말랑말랑한 심장과 뇌를, 사고를. 그 필요성을 잊지 말자.

나름대로 당시의 상황에 대한 통찰을 해봤다. 공부하는 게 갑갑할 때 썼던 글. 지금의 나는 말랑말랑한가? 조금 반성하게 된다.

9월 19일
사람을 너무 미워하지 말자. 그 역시 자신의 고행과 싸우는 중이니.

종합 재수 학원 다닐 때였는데, 사람 때문에 기분이 나빴던 것 같다. 다들 공부하느라 예민해져서 그런지 반 분위기가 좋지는 않았다.

9월 30일
스타벅스 제주 말차 샷 라테. 너무 완벽하다. 아름다운 밤하늘 맛있는 말차 라테.
이 짓도 할 만 하구나.

재수 학원 저녁 시간에 카페에 다녀왔나 보다. 말차 샷 라테가 맛있긴 하지. 이날 하늘이 예뻤나 보다. 학원 근처에 스타벅스가 있어 자주 갔다. 학원 셔틀버스가 오지 않는 주말에는 조금 일찍 가서 아침을 즐기다 등원하곤 했다.

이외에도 수십 개의 조각 글이 있다. 많이도 썼다. 이 모든 게 성공적으로 끝났으니 웃으며 되돌아볼 수 있는 거겠지.

다행이다. 참 다행이야.

민트색 스터디 플래너, 디지털 드로잉, 2020

동네 문구점에서 꼼꼼하게 고른 민트색 스터디 플래너.
이 플래너는 1년 동안 든든한 조수가 되어 주었다.
잘 맞는 플래너를 사용하면 공부 효율이 올라간다.
하지만 무엇보다도 좋은 플래너란 예쁜 플래너가 아닐까.
그래야 자주 열어 보게 될 테니까.

영어 듣기 평가는 필요 없어요

내가 다니던 독학 재수 학원은 매일 점심시간 직후 영어 듣기 평가를 실시했다. 이 듣기 평가는 정해진 교재로 약 20분 정도 진행되었고, 학원에 다니면 누구라도 해야 했다. 내가 영어 1등급을 단 한 번도 놓쳐본 적이 없다고 해도.

다들 각자의 강점 하나씩은 있을 것이다. 나는 영어와 국어가 그랬다. 심지어 대학 다닐 때도 영어나 독해력 때문에 고생했던 적이 없다. 아무리 내가 영어와 국어를 잘한다고 해도 영어 듣기 평가를 매일 해야 하는 것은 학원 규칙이니까 따라야 했다. 남들 다 열심히 듣기에 집중하고 있는데 나 혼자 사각사각 수학 문제 풀고 있으면 분위기를 흐릴 테니 별말 없이 참여하는 게 맞다.

요령 있는 사람이라면 학원 선생님께 말씀드리고 듣기 평가를 빼거나 그 시간에 적당히 눈치 보며 다른 일을 했을 것이다. 그러기엔 꽉 막힌 성격인 나는 그냥 울상으로 듣기 평가를 풀었다. 그래, 이것도 도움이 되겠지.

그렇지만 가끔은 너무 화가 났다. 나는 시간 낭비하는 걸 거의 증오하는 수준으로 싫어하기 때문이다.

사실 잘 모르겠다. 나는 지금 한시가 급한 상황인데, 영어 듣기 평가를 할 때마다 20분이 걸린다. 겨우 20분이 아니라 무려 20분이다. 차마 흘려보내기 아까운 시간이다.

내가 이기적인 걸까? 하지만 누구나 각자의 간절한 목표를 가지고 여기에 온 거 아닌가? 나 지금 무지 간절한데. 영어 듣기 평가 시간엔 시간 가는 게 너무 느리다. 아깝다. 낭비하고 있는 내 황금 같은 시간이 아까워 죽겠다.

그때는 내가 참 여유가 없었다. 가끔, 아니 자주 불안했다.

내가 하고 있는 일이 시간 낭비면 어떡하지. 이러다 1년 그냥 날린 초라한 복학생이 되는 건 아닐까. 미술도 공부도 아무

것도 붙잡지 못하고 어중간한 사람이 되어 버리면 어떡하지. 그 실망감을 내가 감당할 수 있을까…….

이런 생각들로 머리가 복잡했다. 툭 건드리면 터져 버릴 것 같았다.

지금 생각하면 조금 돌아가는 것도 삶의 당연한 부분이고, 모든 일이 마음대로 돌아가지 않는 것도 참 당연하다. 원래 세상은 마음대로 되지 않는다.

내가 조금 더 지혜로웠다면, 시간 낭비라고 생각했던 듣기 평가 시간을 한숨 돌리는 휴식 시간으로 삼았을 것이다. 마음대로 안 되는 부분은 받아들이면서.

살다 보면 필요 없어 보이는 일에도 내 시간을 써야 할 때가 많다. 단체 생활에 뒤따르는 수많은 회식과 모임들, 지루하기만 한 의례 행사들. 혹은 매일 점심 먹고 푸는 영어 듣기 평가 등.

어쩌면 지금도 같은 어리석음을 반복하고 있지는 않은지 가끔은 스스로에게 질문해 보자. 내가 만약 심적으로 여유로웠다면 지금처럼 행동했을까? 지금 내 행동은 현명한가?

영어 듣기 평가, 디지털 드로잉, 2020

영어가 고민인 사람들한테는 미안하지만,
나는 영어보다 수학이 훨씬 급했다.
사람마다 각자의 사정과 진도가 있는 법이니까요.
이해해 주시어요.

선생님, 아메리카노 시킬까요?

"안녕하세요 선생님, 아메리카노 시킬까요?"

"그래, 시원한 걸로."

우리의 수업은 아메리카노와 함께 시작된다.

책상에 풀어온 문제집 다섯 권을 올려놓는다. 문제 풀고 채점하는 것까지가 숙제였으니 선생님께는 모르는 문제만 여쭤보면 된다.

이런, 별표 친 문제가 너무 많은데! 좀 쪽팔린다.

"선생님. 오늘은 좀 많아요."

오늘은 진도 대신 시험을 보는 날.

거창한 건 아니고, 시간을 정해서 문제집 4장을 푼다. 내가 문제를 푸는 동안 선생님이 지켜본다. 실시간으로 채점도 한다. 긴장감이 장난이 아니다.

문제를 풀다 손이 떨린 적도 있다. 선생님이 매의 눈으로 풀이 과정을 지켜보고 계시면 너무 무서워서 그만 기초적인 실수를 하고 만다. 근데 또 수능의 긴장감이 훨씬 더할 걸 생각하면, 이 시험 또한 그때를 대비한 선생님의 큰 그림이리라.

군말 없이 문제에 집중한다.

수업 초반에는 문제 푸는 시간이 부족할 때가 많았다. 그러나 나는 선생님을 완전히 신뢰하고, 선생님도 내가 이 정도는 따라오리라 믿게 되었다.

2시간 꽉 채우는 수업 시간은 선생님과 내가 함께 추는 왈츠 같다. 선생님이 리드하고, 나는 따라가고. 아름다운 미적분 공식에 맞춰 화려한 스킬들을 선보이면서.

두 시간 동안 과외를 받고 나면 기진맥진하다. 그렇게 긴 시간도 아닌데 힘이 팍 풀리고 만다. 머리도 지끈지끈 아프다. 2시간 내내 초집중한 모양이다. 그래도 문제 풀이 시간이 많이 줄었다고 칭찬 받았다. 난 칭찬에 진짜 약하다. 히히. 선생님께 칭찬 받는 날은 하루 종일 기분이 좋다.

주 2회 수업이니 이번 주에 또 한 번 수업이 남았다. 그때까지 문제집 5권 중 해당 파트 풀어오기, 다음 파트 공식 외워오기.

사설이든 교육청이든 모의고사를 보는 주라면 모의고사 역시 첨삭 대상이다. 인강도 들어야지, 할 일이 많다. 할 일이 많으면 삶을 충실히 사는 기분이 든다.

오늘도 선생님 덕에 긴장감 넘치는 하루였다. 커피를 들고 학원으로 돌아간다. 시원한 커피 맛이 씁쓸하니 만족스럽다.

아이스 아메리카노 두 잔, 디지털 드로잉, 2020

나는 카페인 중독자다.
씁쓸한 커피 한 잔을 다 마셔야만 비로소 하루를 시작할 수 있다.
과외 시간에 마시는 아이스 아메리카노 한 잔은
칙칙한 학원 생활에서 단비 같은 활력소가 되었다.

선택 과목을 바꾸며

의대에 가려면 수능 과학 과목 두 개를 선택해 응시해야 한다. 선택지는 총 여덟 개. 생명과학, 화학, 물리, 지구과학 4가지 각각 Ⅰ, Ⅱ 과목이 있다. (즉, 생명과학 Ⅰ, 생명과학 Ⅱ, 화학 Ⅰ, 화학 Ⅱ, 물리 Ⅰ, 물리 Ⅱ, 지구과학 Ⅰ, 지구과학 Ⅱ 총 8개 선택지다.) Ⅱ 과목은 Ⅰ 과목의 심화 과정이라 생각하면 쉽다.

당시 서울대학교는 Ⅱ 과목 한 가지 선택이 필수였고, Ⅱ 과목을 선택하면 가산점을 주는 학교도 있었다. 그러나 뒤늦게 시작한 수포자였던 내가 Ⅱ까지 소화할 수 있으리 만무하니 Ⅰ 과목만 두 개 선택하기로 했다. 앞으로 지칭하는 과목명은 모두 Ⅰ 과목을 말한다.

일단 생명과학은 무조건 확정. 고등학교 때 조금 배웠고, 또 의대 지망이니까 배워 두면 좋겠지. 이제 나머지 하나를 뭘 고를지 고민이다.

우선 물리는 탈락이다. 미술을 시작하기 전 나는 꽤 공부에 자신 있었지만, 물리만큼은 잘하지 못했다. 게다가 물리 과목은 고수들이 득실득실하기로 유명했다. 분명 엄청나게 어려운 건 맞는데, 다들 그만큼 잘해서 좋은 등급 받기도 어렵고 표준 점수도 안 나온다. 그러니 물리를 선택할 이유가 없었다.

이제 화학이냐 지구과학이냐가 남는다. 지금은 어떤지 모르겠지만 당시(2018년)에는 지구과학이 꿀 과목으로 유명했다. 다른 과목에 비해 계산보다 암기 위주라 난이도가 쉽고, 응시생이 많아 점수 따기도 유리했다.

하지만 나는 예고를 나온 몸. 수업을 들어 본 과목이 아니면 다 생소하고 미친 듯이 어려워 보였다. 그래서 생명과학과 마찬가지로 고등학교 때 들었던 화학을 선택하고 만다. 학원 선생님의 만류에도 불구하고. 어리석게도.

물론 각자 잘 맞는 과목은 사람마다 다르다. 화학이든 물리든 자신 있는 과목을 선택하면 된다. 하지만 전략적 접근 역시 필요하다. 분명히 객관적으로 유리한 과목이 있다면 관심 분야가 아니라도 고려하는 게 이득이다.

나는 그걸 몰랐다. 그저 보기에 익숙한 과목을 고르고 만 것이다. 실수였다. 생명과학은 어려워도 무슨 소리인지는 알겠는데, 화학 양적 계산이 도통 이해가 가질 않았다. 인강에서 하라는 대로 하면 어떻게든 풀리긴 하는데, 왜????? 이게 왜 풀리지? 해결되지 않는 의문이 남았다.

나는 이해하지 못하면 외우지 못한다. '모든 암기의 기반은 이해'라고 굳게 믿고 있던 나였다. 화학 과목에서 필수라는 화려한 문제 풀이 스킬들은 도저히 이해할 수 없는 수수께끼 같았다. 그러니 성적이 오를 리 없었다.

난생처음 과학 공부를 시작한 지 2개월 만에 만점(50점) 받기를 바라는 건 아니었지만, 적어도 나아지는 게 보여야 하지 않나.

처음엔 20점대에서 시작하다가 30점대, 급기야 쉬운 기출문제는 만점까지 받는 생명과학과는 다르게 화학은 영 지지부진했다. 나중에는 거의 수학만큼 시간을 투자하게 됐다. 주객전도였다. 내 계획의 핵심은 어디까지나 수학이었다.

결국, 화학을 선택한 걸 후회했다. 선택 과목을 바꿔야 하나 싶었다. 하지만 벌써 6월이었다. 코앞에 다가온 6평은 일단 화학으로 봐야 했다. 그럼 수능까지 남은 시간은 5개월도 안 될 텐데. 그 사이 지구과학을 완성할 수 있을까?

결국 6평을 본 후 화학을 포기하고 선택 과목을 지구과학과 생명과학으로 바꿨다. 어찌어찌 운 좋게 공부를 잘 마무리하긴 했지만, 솔직히 시간이 많이 부족했고 원하는 만큼의 점수를 얻지도 못했다. 6월에라도 선택 과목을 바꿔 다행이지만 처음부터 지구과학을 선택했다면 훨씬 좋은 점수를 받았을 것이다.

이게 다 익숙하다고 큰 고민 없이 화학을 선택했기 때문이다. 혹시 이 글을 읽고 있는 사람이 입시생이라면 참고하길 바란다. 남들이 하지 말라고 하는 데 이유가 있다. 기어이 그 길을 가고자 한다면 끝까지 갈 수 있을지 꼭 신중하게 생각해야 한다.

자기 적성을 잘 생각해 보고 결정해라. 그리고 필요하다면 중간에 과감하게 길을 바꿀 줄도 알아야 한다. 포기하는 것도 용기다.

화학이냐 지구과학이냐 그것이 문제로다, 디지털 드로잉, 2020

과학 선택 과목은 대학 입시 결과를 바꾸기도 한다.
나 역시 호기롭게 화학 Ⅰ을 선택했지만, 성적이 나오지 않아
결국 지구과학 Ⅰ로 바꾸고야 말았다.
선택 과목은 신중하게 고르자.

6월 평가원 모의고사

입시에서 가장 중요한 시험을 뽑자면 수능 다음이 '6평'이다. 6월 평가원 모의고사의 줄임말인 6평은, N수생을 포함한 전국의 수험생들이 모두 함께 치르는 입시의 중단원으로 이날 많은 게 결정된다.

선택적으로 치르는 사설 모의고사나 출제진이 다른 교육청 모의고사와는 다르게 6월 평가원 모의고사는 수능을 출제하는 '한국 교육 과정 평가원'이 직접 출제한다. 따라서 기존 기출에 없던 유형이 새로 추가된다면 수능에 이런 거 나올 수 있다고 미리 알려 주는 셈이다. 또 전반적인 수능 출제 방향을 제시하는 중요한 역할을 맡고 있다. 전국의 수험생들은 6월 모의고사를 통해 공부 방향을 설정하고 자신의 위치를 확인한다.

나 역시 6평을 치르는 수십만 수험생 중 한 명이었다. 초등학교 과정부터 수학을 시작한 지 8개월이 지났으니 이제 어느 수준까지 올라왔나 확인할 기회였다.

아직 미적분 Ⅱ와 기하와 벡터 진도를 완벽히 끝내기 전이라 목표 점수는 80점으로 잡았다. 80점만 넘어도 성공이었다.

과학은 딱 한 바퀴씩만 돌린 상태. 혼자 풀었던 모의고사 기출문제는 30~40점대가 나왔기에 목표 점수는 40점. 그 정도 점수면 전망이 희망적이라 봤다. 국어랑 영어는 당연히 잘 봐야 하는 거고. 한국사도 자신 있다.

목표 점수
수학(가) 80, 생명과학 Ⅰ 40, 화학 Ⅰ 40, 국어 100, 영어 100, 국사 50

목표 설정 완료.

모의고사 보기 전날은 하던 대로 스케줄을 따라 인강을 듣고, 수학 기출문제를 풀었다.

다음날, 드디어 결전의 시간이 왔다. 모의고사는 다니던 독학 재수 학원에서 실시했다. 선생님도 학생도 기합이 팍 들어간 모습이다. 여태까지 한 노력을 중간 점검할 시간이다. 마음껏 실력을 발휘해 보자.

이건 나만의 팁인데, 평소엔 겸손하게 공부해도 시험 볼 때만은 내가 전국 1등이라는 자신감으로 임하는 것이 좋다. 그럼 좀 더 여유가 생기는 느낌이다. (지금까지도 써먹고 있다.)

아무튼, 결과는 어땠을까? 모의고사는 당일 바로 답이 나오고 각종 사이트에서 자체적으로 계산한 등급과 표준 점수, 백분위를 제공한다. 즉, 대략적인 결과를 시험 당일 저녁이면 알 수 있다.

아래는 내 성적이다.

6평 결과	원점수	표준 점수	백분위	등급
국어	100	140	100	1
수학	80	126	90	2
영어	97	–	–	1
생명과학 I	42	69	96	1
화학	35	62	86	3
국사	50	–	–	1

와, 괜찮은데!

대성공까진 아니라도 이 정도면 성공이다.

무엇보다 수학이 2등급이라니! 말이 되나?! 난 수포자였는데!

8개월 만에 수학 가형이 2등급이다. 80점이라 등급 컷 끝자락에 걸치긴 했지만, 너무 기뻤다. 갈 길이 멀지만, 충분히 갈 수 있을 것 같았다.

심지어 생명과학은 1등급이다. 마찬가지로 간당간당한 1등급이자 아직 의대 갈 점수는 아니지만, 이 정도면 선방이다.

화학은 좀 아쉽지만, 이걸로 선택 과목을 바꾸기로 마음을 굳혔다. 믿던 국어와 영어는 이변 없이 잘 나왔다.

높은 산을 하나 넘은 느낌이다. 여태까지 노력한 성과가 눈에 보였다. 애쓴 만큼 결과가 좋을 때 참 힘이 난다.

쉴 새 없이 달려 벌써 6월, 입시의 중간 분기점을 넘었다. 남은 시간은 약 5개월. 과연 내가 할 수 있을까?

6월 모의고사는 괜찮게 봤지만, 의대에 합격하긴 아직 턱없이 부족하다. 그래도 6평으로 기본기를 확인했다. 이제 실력을 최상위권으로 끌어올릴 단계다.

드디어 겨우 남들과 같은 출발선에 설 수 있었다. 지금부터 본격적으로 시작이다. 수능까지 신나게 달려 보자. 우상향으로!

우상향으로!, 디지털 드로잉, 2020

Onward and upward.
내가 좋아하는 말이다.
성적은 계단식으로 오른다지만,
이왕이면 우상향만 하는 모습이면 좋겠다.
내려가는 계단 없이 위로만 쭉쭉!

나는 안 될 줄 알았지! - 대성학원 입성기

나쁘지 않은 성적으로 6월 모의고사를 마무리했다. 이제 벌써 이 생활도 절반 정도 했다. 지금부터 패턴의 전환이 필요하다.

내 목표는 의대 입학이다. 어중간하게 잘해봐야 소용이 없다. 의대 외에 다른 과는 고려하지도 않았다. 그러니 내 경쟁 상대는 최상위권 수험생들이었다.

호랑이를 만나려면 호랑이 굴로 들어가야 한다. 그래서 나 역시 호랑이 굴로 들어가고자 날고 기는 실력자들이 모인다는 대형 재수 학원에 도전할 때였다.

내가 가고 싶어 하는 학원은 대성학원 6월 야간반, 줄여서 대성 6야. 이 반은 뒤늦게 반수나 재수를 시작하는 수험생들을 노린 특별반이다.

대성학원은 '입시 라형'이란 말이 있을 정도로 입학 경쟁이 치열하고 인지도도 높다. 학원 본원보다는 덜하지만, 6야반 역시 만만하지 않았다. 심지어 학원 입학시험도 있었다. 만약 이 시험에서 떨어진다면 독학 재수 학원에서 수능까지 준비해야만 했다.

독학 재수 학원에서 끝까지 준비하지 않고 대형 종합 학원으로 옮기려고 했던 이유는, 실력 있는 경쟁 상대가 있다는 이유 외에도 여러 이유가 있었다. 대형 학원만 가질 수 있는 거대한 정보망, 입시 컨설팅 서비스, 수준 높은 자체 모의고사, 국내 유명 강사진과 질 높은 콘텐츠 등 소형 학원이 따라갈 수 없는 대형 학원만의 절대적 장점이 많다. 규모의 경제가 적용된다고 할까. 워낙 많은 수험생을 데리고 있기에 후반에 수시, 정시 지원 시에도 정보 측면에서 유리하다. 그러니 의대를 가기 위해서 취할 수 있는 최선의 전략이다. 나아갈 방향은 정했으니 이제 합격만 하면 된다.

나는 자신감에 차 입학시험 고사장에 들어갔지만, 막상 수학 시험지를 받으니 패닉 상태가 되었다. 확실하게 풀 수 있는 문제는 두 개밖에 없었다. 나머지는 기억이 나지 않거나 아예 풀 수 없었다.

'망했다, 망했어. 선생님 죄송해요. 저는 바본가 봐요. 역시 수포자가 반년 안에 강대(강남대성학원) 가는 건 무리였나 봐요.'

울 것 같은 기분으로 시험장을 나왔다.

그날은 하루 종일 휴대폰을 붙잡고 살았다. 입시 관련 커뮤니티인 오르비(orbi.kr/)에 올라오는 6야 시험 후기 글을 전부 읽었다. 혹시, 혹시 모르잖아. 진짜 시험을 망치긴 했는데 수학 말고는 잘 봤을 테니까. 또 나 6평 성적도 괜찮잖아. 제발, 제발.

하지만 이미 반쯤은 포기하고 있었다. 그나마 희망적인 소식은 반 편성이 수준별이라는 것. 수준별이라는 건 좀 못하는 사람도 뽑는다는 말과 같다. 문 닫고 들어가도 괜찮다. 나올 때 열면 되니까. 들어가게만 해 주세요.

발표일이 됐다. 대학 합격 발표일인 양 떨렸다. 뭐 안 되면 그냥 독재(독학 재수 학원)에서 하면 되지.

그렇지만 대형 학원의 뜨거운 열기와 현장감을 느껴보고 싶었다. 학원 유명세만큼 선생님들 실력도 좋은지 궁금하기도 했고.

두둥, 결과는 어땠을까.

사실 글 제목이 '입성기'니까 당연하게도 합격!

그러나 당시엔 정말 떨어지리라 생각했다. 간신히 들어가니 더 기쁘더라. 어째 미대를 수석으로 합격했을 때보다 더 기뻤다. 사람 마음이 참 간사한 게 아무리 좋은 것이라도 쉽게 얻으면 가치 있는 줄 모르고, 어렵게 얻어야 좋아 보인다.

아마 내가 뒤에서 10등 안에 들었을 것이다.

문을 열었든 닫았든 합격은 합격이니까. 다음 걸음은 대성학원에서 내디딜 수 있게 됐다. 6월 모의고사를 넘어 대형 학원으로!

이제 하반기에 돌입이다!

입학시험, 디지털 드로잉, 2020

대형 재수 학원 입학시험은 '정시 라형'이라는 우스갯소리도 있다.
그만큼 경쟁이 치열하고 난이도도 어렵다.
비록 끝반에 배정되었지만,
합격해서 너무나 다행이고 또 뿌듯했던 시험이다.

재수 종합 학원에서 보내는 하루

매년 기관마다 조금씩 차이가 있겠지만, 내가 다녔던 강대 6야 반수반의 스케줄은 다음과 같았다.

강대 6야는 강남 대성학원 6월 야간반의 줄임말이다. 6월에 뒤늦게 반수를 시작하는 사람들을 타깃으로 한 재종반(재수 종합반)은 오전에 자습, 오후~저녁 시간에 수업을 진행한다.

등원 후 휴대폰을 제출하고 오후 네 시까지 자습. 자습 시간 중에 잠깐 쉬는 시간이 있어 매점이나 화장실을 다녀올 수 있다. 지습 시간에는 선생님이 돌아다니시며 원생들의 학습 태도를 점검한다. 예로, 졸면 깨우거나 떠드는 사람을 잡는 식이다. 반마다 분위기가 다르지만, 우리 반은 자습 시간엔 조용한 편이었다.

자습 시간엔 인강을 들을 수 있다. 나는 독학 재수 학원에서 하던 대로 플래너를 따라 인강 + 노트 필기 + 문제 풀이 형식으로 공부했다.

네 시 이후가 6야반 핵심인 수업이 시작된다. 그래서 4시부터는 고등학교처럼 시간표가 짜여 있다. 다음은 그 예시다.

재수 종합 학원 가상 시간표

교시	시간	월	화	수	목	금
0교시	16:00~16:20	담임 조회 시간				
1교시	16:20~17:10	국어 A 정땡땡	수학 D 최뫄뫄	수학 C 이롸롸	한국사 김국사	수학 E 신수학
2교시	17:20~18:10	국어 A 정땡땡	국어 B 설국국	수학 D 최뫄뫄	수학 C 이롸롸	수학 A 이길동
	18:10~19:10	저녁 시간(담임 지도 시간)				
3교시	19:10~20:00	과학 B	과학 C	국어 D 이국어	수학 A 이길동	수학 B 김천재
4교시	20:10~21:00	과학 B	과학 C	국어 B 설국국	영어 A 심영어	국어 C 박언어
5교시	21:10~22:00	과학 B	과학 C	국어 C 박언어	영어 A 심영어	수학 B 김천재

과학 B, C는 과학 선택 과목 수업으로, 과목에 따라 이동 수업을 실시했다. 그래서 월, 화요일 저녁 시간 직후는 매점을 들린 후 과학 수업을 가려고 바삐 움직이는 학생들로 시끌벅적했다. 나도 자주 초콜릿이나 아이스크림 등 간식을 사 먹곤 했다.

시간표를 보면 알겠지만, 밤 10시까지 수업이 있다. 종례는 보통 저녁 먹은 직후 미리 한다. 수업이 끝나면 바로 셔틀버스를 타고 집에 가면 된다. 피곤한 몸을 이끌고 집에 오면 밤 열한 시. 내일도 일찍 일어나야 하니까 씻고 바로 잔다. 이것이 바로 지극히 일상적인 입학시험을 준비하는 학생의 하루다.

학원 체계가 잡혀 있으니 확실히 공부하기는 편하다. 이런 것이 시스템의 힘인가 싶었다. 자습 시간에는 빡세게 인강 듣고, 쉬는 시간에 잠깐 책 읽고. 하루의 반은 자습, 반은 수업. 테마가 확실하다. 또 수업 시간에 상당한 양의 숙제를 내는데, 이게 완전 고급 자료다. 기출 변형부터 킬러 문제까지 다양하다. 또 선생님마다 숙제를 내주셔서 꽤 빠듯한 시간을 보낸다. 열 몇 시간씩 혼자만 공부하다가 눈앞에서 사람 목소리를 들으니 신선하다.

자연스레 친구도 사귀었다. 매일 셔들버스를 같이 타는 같은 반 사람이 알고 보니 나이도 같고 사는 동네도 같은데 같은 중학교 출신이었다. 참 신기한 우연이었다.

우린 공통분모가 많다 보니 자연스레 친해졌다. 버스에서 이런저런 얘기를 나누다 보면 금방 집에 도착한다. 친구랑 수다를 떤다는 게 이런 거였지. 조금 감동적인 느낌이었다. 그 친구나 나나 원래 잡담하는 걸 좋아하는 성격이 아닌데도 할 얘기가 너무나 많았다.

과도한 친목질(?)은 파멸을 부른다지만, 고된 여정을 함께하는 든든한 동지가 힘이 되는 것도 사실이다.

나는 공부하면서 좋은 인연을 참 많이 만났다. 반수도 재수도 다 사람이 하는 일이구나 싶다. 덕분에 할 만하다. 고맙다. 어떤 상황이든 위로는 사람한테 받는 법인가 보다.

달라진 의자, 디지털 드로잉, 2020

대한민국의 수많은 청년이 각자의 목표를 위해
같은 의자, 같은 책상에서 일상을 반복한다.
누군가는 떠나고 누군가는 남는다.
의자만 그대로인 채로.

감옥 같은 삶을 원했어

스터디 플래너에서 이런 글을 찾았다.

1월 9일
그래, 이거야! 이 감옥 같은 삶!
10월(작년)에 이게 너무 하고 싶었어. 힘든데 할 만하다.
ㄴ8/28 아직도 할 만해.
ㄴ9/30 지금도 그럭저럭할 만해.

피식 웃음이 나왔다. 10월만 해도 대학 수업과 수능 준비를 병행하던 시절이었다.

공부에만 집중하고 싶다고 생각했던 기억이 난다. 휴학 신청 후 1월에야 독학 재수 학원에 등록해 온종일 공부만 하는 삶을 살게 되었다. 지겨울 법도 한데, 공부하고 싶었다는 메모를 남긴 게 웃기다. 목표가 생기면 사람은 맹목적이 되는구나.

게다가 작은 글씨로 댓글까지 달려 있다. 8월 28일과 9월 30일. 모두 대성학원에 다닐 때다. 감옥이라면 이때가 훨씬 감옥 같다. 아침부터 밤까지 아예 학원 밖으로 나가지도 못하니까. 그런데 어떻게 1월에 남긴 메모를 찾아 아직 할 만하다는 말을 덧붙였다. 꼭 인터넷 댓글 같다. 과거의 나와 댓글 달고 놀기. 새로 발견한 기록의 재미다.

공부를 좋아하는 사람은 많지 않을 것이다. 나도 그렇고. 그럼에도 불구하고 간절하게 원하는 목표를 위해서라면 종일 공부만 하는 감옥 같은 삶도 행복할 것이다. 싫은 걸 좋게 만드는 목표의 힘. 강한 목표 의식은 고난도 즐기게 한다. 솔직하게 끄적인 옛 메모에서 목표의 힘을 배운다.

거꾸로 생각하면 힘든 상황도 목표 의식을 도입하면 즐길 수 있다는 말이다. 이 모든 게 의미가 있으리라 믿고 혹은 확실한 의미 부여를 통해, 고통을 '무언가를 위한' 고행으로 바꿀 수 있다. 사람은 이유가 있을 때 훨씬 끈질겨진다. 또 강해진다.

지금이 너무 힘들다면 이 모든 고행에서 배우는 게 있으리라 믿어 보면 어떨까.

이 방법은 내가 자주 써먹는 방법이다. 삶이 힘들어질 때마다 힘든 만큼 뭔가 얻으리라 믿는다. 그럼 조금은 견딜 만해진다. 당장은 드러나지 않더라도 내 영혼에 조금씩 쌓이고 있다고. 나는 성장하고 있다고. 분명 언젠가는 차이를 만들 거라고. 이 모든 고통이 의미가 있을 거라 믿는다.

내가 원했던 것, 디지털 드로잉, 2020

그래, 이런 감옥 같은 삶을 원했어.
목표가 있으면 맹목적인 삶마저 즐겁게 느끼는 법.

가끔은 카페에서 하트 파이를

내가 다녔던 재수 학원 별관 근처엔 스타벅스가 무려 5개나 있었다. 이중 특히 학원과 가까운 곳이 있었다. 서초역 바로 앞의 넓은 1층 매장. 그곳은 내 휴식처이자 성소(聖所)였다.

평일에는 매일 셔틀버스를 타고 등원했지만, 주말은 자율 등원과 자율 하원이었다. 또 야간 수업이 없고 온종일 자습만 했다. 그래서 주말엔 오전, 오후, 저녁 세 타임 중 두 타임만 자습하면 됐다. 평일에 비해 일정이 비교적 여유로운 주말에는 그간 누리지 못했던 여유를 즐기고자 했다.

어느 토요일 아침. 오전은 쉬고 오후와 저녁 자습만 하기로 한 날. 넉넉히 11시쯤 서초역에 도착했다. 익숙한 위치의 스타벅스에서 아점으로 카페 라테와 하트 파이를 시켰다. 스타벅스 하트 파이를 드셔 보신 분은 알겠지만, 정말 바삭하고 달다. 살짝 끈적한 시럽 코팅이 부드럽고 묵직한 라테와 찰떡궁합이다. 바사삭 부서지는 파이 한 조각 입에 넣고 카페 라테 한 모금 홀짝이면 이런 게 행복이지 싶다.

내 신조 중 하나가 '어떤 순간에도 삶은 살 만해야 한다'이다.

앞에서 독서 이야기를 할 때에도 언급했지만, 아무리 입시 중이라도 지나치게 불행해서는 안 된다. 목표를 위해 참고 견디는 과정 중에 있지만, 그것 또한 삶이다. 지금의 견딤이 끝나야 삶이 시작되는 게 아니다. 모든 고통도 과정도 결국 살아내는 삶이다. 그러니 살 만해야 한다. 그래서 되도록이면 바쁜 와중에도 작은 즐길 거리를 마련해 두고, 여의치 않더라도 상황 자체를 즐기려 노력한다. 스타벅스에서 파는 하트 파이는 이런 내 좌우명에 딱이다.

유리창 밖으로 바삐 지나가는 사람들을 보며 사색에 잠긴다. 주말이라 그런지 카페에 사람이 꽤 많다. 다들 각자의 일에 몰두하고 있다.

매일 아침 이런 여유를 즐길 수 있다면 얼마나 좋을까. 지금 내 옆에는 딱딱한 문제집이 가득 담긴 묵직한 책가방이 있을 뿐. 휴식은 길게 허락되지 않는다. 곧 학원으로 돌아가야 한다. 그저 지금을 즐기자.

향긋한 하트 파이의 꾸덕한 시럽 향이 퍼진다. 달콤함에 빠진 토요일 오전. 누구에게도 방해받지 않는 짧고 성스러운 휴식. 어떤 순간에도 삶은 살 만해야 하니까, 가끔은 카페에서 하트 파이를.

부스러기 하트, 디지털 드로잉, 2020

한때 최애 디저트였던 하트 파이.
한 봉지에 네 개가 들어 있어 아침 대신 먹으면 딱 알맞다.
공부하면서 자주 먹어 지금은 질렸지만.

그땐 어쩔 수 없었어

앞에서 독학 재수 학원에 다닐 때 영어 듣기 평가 시간이 아깝다고 이야기를 했었다. 국어 시간은 영어 듣기 평가의 버전 투, 심지어 훨씬 심각했다. 시간표에 국어 시간이 많았기 때문이다.

수능 전문가에게 수능에서 가장 중요한 과목이 뭐냐고 물으면, (사실 상위권을 목표로 한다면 전부 중요하지만) 그중에서도 국어와 수학이라 대답할 것이다. 이과 문과 상관없이. 특히 영어가 절대 평가로 바뀐 후로 국어의 중요성이 더 커졌다.

수학이야 정통(?) 이과 상위권 학생들에겐 대체로 문제가 되지 않는다. (나는 빼고! 나는 끝까지 수학이 제일 힘들었다.) 그런데 국어가 걸림돌이 된다.

참 신기하게도 이과적 머리와 문과적 머리가 따로 있는지, 수학, 과학은 항상 만점인데 국어가 처참한 케이스가 꽤 있다. 재수 학원에선 이런 학생들이 뛰어난 수학 실력에도 불구하고 입시에 실패하는 일을 막기 위해 국어 수업에 꽤 큰 비중을 둔다. 하지만 나는 이미 수능 국어를 초월한 몸.

국어 수업 들을 시간에 수학 문제 푸는 게 훨씬 이득이었다. 아니, 그래야만 했다. 수학은 일분일초가 급했다. 단 몇 분이라도 수학을 더 보려고 있는 시간, 없는 시간 자투리 시간 다 끌어다 쓰고 있는데 하루에 두 시간씩 국어 수업을 듣고 있어야 하니까 미칠 것 같았다. 수학 문제를 하나라도 더 풀어야 하는 시간에 국어 시간이 많다 보니 그 시간이 너무 아까운 나머지 화가 났다. 그렇다고 국어 선생님이 최선을 다해 강의하시는데 맨 앞자리서 다른 문제를 풀 수도 없는 노릇이다.

나는 요령도 없고 쓸데없이 죄책감만 잘 느껴서 울며 겨자 먹기로 수업을 다 들었다. 이럴 때가 아닌데. 나 수학 심각한데. 수학만 하위권이란 말이야. 수학 공부하게 해줘!

그러다 담임 선생님께 상담을 요청했다. (재수 종합 학원은 반마다 담임이 있어 입시나 스케줄 등을 상담할 수 있다.)

"어떻게든 국어 시간에 수학 공부를 할 수 없을까요? 국어 선생님께 실례인 줄은 알지만, 저 수학이 너무 급해요. 제 점수 아시잖아요. 국어는 완벽하지만 수학은 심각해요. 할 수 있는 것 다 해 봐야죠. 진짜 조용히 공부만 할게요."

"국어 시간에 대놓고 다른 공부를 하는 건 서로 예의가 아니다. 또 수업이 분명 너에게 도움이 될 것이다. 너만 특별한 예외로 둘 수는 없다. 다른 학생들도 너처럼 다른 공부를 한다고 할 테니 말이다."

"그럼 자리만이라도 뒷자리에 앉게 해주실 수는 없을까요?"

담임 선생님의 배려로 뒷자리에서 요령껏 수학 문제를 풀었다. 담임 선생님도 내 특수한 상황을 알고 계셨기에 이해해 주신 것 같다.

담임 선생님과는 공부에 대한 철학이 달라 잘 맞지는 않았지만, 이때만큼은 정말 감사했다. 이러니저러니 해도 학생들이 최고의 결과를 낼 수 있도록 노력하시는구나.

사실 내가 한 일이 바람직하지 않다는 것은 나도 안다. 국어 선생님께도 죄송한 일이고 옆자리 학생의 집중력을 흐렸을지도 모른다. 솔직히 이기적인 행동이었다. 그러나 입시 레이스는 장난이 아니다. 여기 앉은 모두가 각자의 인생을 걸고 공부하고 있다. 입시는 한 사람의 일생을 결정할 수도 있는 중요한 사건이다. 목숨 걸고 경쟁할 것까지는 없어도, 적어도 자신이 벌인 일엔 진지하게 임해야 한다.

나는 이기적이었지만, 또 어떻게 보면 자신이 벌인 일에 최선을 다해 책임지고자 했다고도 생각한다. 반의 다른 학생들에게 폐를 끼치지 않도록 최대한 조심했고 이외의 수업에는 수업에 전적으로 집중했다. 최대한 타인에게 해를 끼치지 않으면서 나 스스로 벌인 일에 진지하게 임했을 뿐이라고, 작게 변명을 해 본다.

* 고정된 시간표는 재수 종합 학원의 필연적 단점이다. 한 과목만 유난히 부족한 케이스라면 부족하지 않은 과목의 수업을 억지로 들어야 할 수도 있다. 이런 경우엔 독학 학원이나 독서실을 다니며 부족한 과목만 단과로 보충하는 것이 나을 수도 있다. 재수 종합 학원 선택 시 반드시 고려해야 할 사항이다.

고지가 눈앞에!

9월 평가원 모의고사는 6월 모의고사와 수능 사이의 유일한 평가원 기출 모의고사다. 평가원은 한국 교육 과정 평가원의 준말로 수능을 출제하는 기관이다. 9월 평가원 모의고사는 수능과 출제진이 같아 수능의 전반적 방향, 난이도, 문제 유형을 제시한다. 그래서 교육청이나 사설 모의고사에 비해 그 중요성이 압도적이다. 사실상 수능 전 가장 중요한 시험이라고 볼 수 있다.

9평 전날 종례 시간, 학원 전체에 긴장감이 감돌았다. 마치 수능 보러 가는 분위기. 벌써 9평이라며 수군대는 소리도 들린다. 나도 덩달아 몸에 힘을 빡 준다. 9평, 잘 보고 싶다.

앞에서 이야기했듯 나는 6월에 과학 선택 과목을 화학 Ⅰ, 생명과학 Ⅰ에서 지구과학 Ⅰ, 생명과학 Ⅰ로 바꿨다. 아무리 지구과학이 다른 과목에 비해 쉽대도 5개월 만에 마스터하는 게 쉬운 일은 아니다. 수능 2개월 남은 시점에 중간 점검이 필요했다. 또 수포자가 1년 공부해서 의대를 가겠다는 무지막지한 목표가 얼마나 성과를 이뤘는지 객관적 지표가 필요하던 참이었다.

공부한 지 슬슬 11개월이 되었으니 공부하는 일상이 몸에 배었지만, 발치에 따라붙는 초조함을 떨쳐 버리지 못하고 있었다. 독학 재수 학원에 있을 땐 비교 대상이 없으니 앞만 보고 달렸는데, 대형 재수 학원에 오니 공부를 잘하는 사람이 너무 많았다.

자꾸 옆을 둘러보고 다른 사람과 나를 비교하게 됐다. 그래서 잘하고 있다는 확인이 필요했다.

흡사 수능을 치르는 듯한 긴장감과 함께 9월 평가원 모의고사가 시작됐다.

국어 시간. 하던 대로만 하면 두 바퀴도 거뜬하다. 긴장만

안 하면 걱정이 없다. 오케이.

수학 시간. 침착, 침착! 평소대로만 하자. 못 풀 것 같은 문제는 무조건 별표치고 넘기고, 최대한 쉬운 문제를 빨리 풀자. 킬러 문제인 21, 29, 30번을 풀기 위한 시간을 확보한다. 수시로 시간을 체크한다.

킬러 문제까지 50분이 남으면 이상적이다. 30분까지도 괜찮다.

어떻게든 끝냈다. 최선을 다한 후 결과는 하늘에 맡길 뿐.

점심 먹고 영어. 너무 졸리다. 하품하면서 푼다. 영어야 뭐, 평소대로 하면 되지.

문제는 과학이다. 생명과학 유전 파트에서 어떤 유형이 나올지 궁금하다. 집중하되 긴장하지 말고 침착 또 침착.

지구과학은 할 수 있는 데까지만 하자. 무조건 쉬운 문제 먼저 풀고!

한국사는 마음을 가라앉히는 시간. 5분 만에 다 풀고 잠깐 엎드려 쉰다. 잘 봤을까. 얼른 채점하고 싶다.

채점 결과는 당일 바로 나온다. 떨리는 손으로 빨간 펜을 들었다. 두근두근. 이거 이상하게 시험 칠 때보다 더 긴장하는 것 같다. 어라, 이거 뭐지. 진짜 뭐지?

국어 100　수학(가) 92　영어 100　생명과학 Ⅰ 47
지구과학 Ⅰ 48　한국사 50

어라? 제대로 채점한 거 맞아?

눈물이 날 것 같았다.

이거 진짜 뭐야. 실화야? 이게 내 점수라고? 진짜?

손이 떨렸다. 대박. 대박 났다. 고생한 시간이 결실을 맺었다. 특히 지구과학 48점, 수학 92점.

이거 잘하면 올 1등급 나올 것 같은데. 의대도 갈 수 있는 점수 아냐?

나중에 수시 상담 때 들으니 내 9평 점수가 강대 전체에서 175등이라고 했다. 이 성적이면 순천향대학교 의대에 지원 가능한 정도란다.

울 것 같았다. 내 표준 점수가 395, 강대 1등이 408, 표준 점수 13점 차였다. 대충 우리나라 공부 1위랑 13점 차라는 것 아닌가. 진짜 많이 왔다. 너무너무 뿌듯했다.

다들 불가능한 목표라고 했다. 의대생인 오빠는 될 리가 없다며 가고 싶은 공대나 생각해 놓으라고 했다. 그런데 공부 시작한 지 11달 만에 의대를 갈 수 있는 점수가 나왔나. 뭘 믿고 공부를 시작했는지 스스로도 의심하는 순간들이 있었지만, 현재를 바꾸려는 의지가 더 강력했다. 미친 듯이 달려왔다. 드디어 그 결실이 눈에 보이는 형태로 나타나기 시작했다.

수고했어. 이제 조금만 더 힘내자.

드디어, 고지가 눈앞이다!

논술 준비, 9월

예고 출신에 미대를 2년이나 다니다 온 내가 일반적인 수시 전형으로 의대를 지원하는 건 불가능했다. 가능한 방법은 순수 수능 성적으로 승부를 보는 정시와 수시 논술 전형뿐이었다. 그래서 나는 수능을 중점적으로 공부하고, 논술을 준비하는 방향으로 전략을 짰다.

수리 논술은 수능 수학보다 아득히 높은 수준의 추리력과 창의력을 요구한다. 기출문제만 봐도 탄탄한 기본기는 물론이고, 이를 응용해 숨어 있는 패턴을 찾아내는 고도의 능력을 이용해야 풀 수 있다. 수학 후발 주자인 내가 접근하기에 만만한 전형은 아니었다.

그럼에도 논술에 도전하고자 했던 이유는 영어와 국어 논술의 존재 때문이었다.

내가 입시를 준비한 2018년 기준으로 성균관대학교 의과대학, 울산대학교 의과대학, 가톨릭대학교 의과대학이 수리 논술과 함께 각각 영어, 영어, 국어 논술을 함께 평가했다. 수리 논술에서 점수가 조금 부족해도 국어나 영어 점수가 압도적으로 높다면 노려볼 만하지 않을까 하는 계산이었다. 나는 강대에서 제공하는 주말 논술반에 등록했다. 이것도 대형 학원의 장점이 아닐까 싶다. 평소 학원에서 수업을 들어 실력과 스타일을 알고 있는 선생님께 체계적인 논술 수업을 들을 수 있다. 물론, 다른 학원에서 논술을 준비해도 좋다.

나는 당시 별다른 정보도 없었고 대성학원 수업에 만족해서 별다른 고민 없이 학원 논술 과정에 등록했다. 이때부터 평일에는 하던 대로 6야에서 오전 자습, 오후 수업을 들었고 주말에는 논술을 준비했다. 논술 수업은 대체로 수업 중에 논술 풀기, 해설과 개인별 피드백, 숙제로 문제 풀이가 나가는 식이었다. 수업의 질은 대체로 만족스러웠지만, 문제의 난이도가 높은 날엔 자신감이 바닥을 쳤다. 나만 빼고 주위 사람들은 다 수월하게 푸는 것만 같았다.

자신감이 떨어질 때면 자꾸 이런 생각이 들었다. 내가 지금 바보짓을 하는 건 아닐까. 수능에만 집중해야 하는 건 아닐까. 미대 다니다 의대 간다는 게 가능하기나 한 건가. 이 모든 게 수포가 되면 어쩌지…….

논술 개강 바로 다음 주가 수능 원서 접수, 그다음 주가 수시 원서 접수였다. 벌써 9월이라니, 시간이 대체 언제 이렇게까지 흐른 건지. 작년 10월에 다시 공부할 결심을 했으니 거의 1년이 다 되었다. 아직 할 일이 태산 같은데, 시간이 너무 모자라다. 아, 내게 공부할 시간이 딱 3개월만 더 있었다면.

그래도 멀리 왔다. 9평 모의고사는 대박 났고, 강대 모의고사도 반에서 상위권을 유지하고 있다. 객관적인 지표는 나쁘지 않았다.

수포자가 여기까지 한 게 어디야. 안 그래? 더 갈 수 있어. 더 멀리 갈 수 있다. 나는 잘하고 있어! 이렇게 수없이 되뇌어야 했다.

솔직히 불안했다. 논술 수업은 따라가기도 벅차고, 수학과 과학도 점수가 안정적이지 않다. 남은 시간은 겨우 2달. 2달

안에 실력을 최상위권으로 끌어올려야 한다.

초조하고 불안했지만, 내가 할 수 있는 건 그저 공부뿐이었다. 가슴 한쪽에 자리 잡은 의심을 포스트잇으로 가리고, 공부만 했다. 다른 데 쳐다보지 말고, 눈앞의 문제에만 집중하자. 당장 내가 할 수 있는 건 오늘 분량의 공부에 최선을 다하는 것뿐이니까.

내가 가야 했던 길

9월 3일~7일까지 수능 원서 접수, 9월 10일~14일까지 수시 원서 접수하는 날이었다. 수능 원서 접수를 하려면 졸업한 고등학교를 방문해야 했다. 그래서 월요일 오전 자습을 빼고 원서 접수를 위해 모교를 찾았다.

나의 모교. 계원 예술 고등학교. 즐거운 일도 슬픈 일도 잔뜩 있었던, 소중한 추억이 담긴 장소. 미술을 그만둔 후로는 단 한 번도 찾은 적 없는 곳. 미안하고 부끄러운 마음에 실기 선생님께는 찾아뵙지도 못하는, 애정과 부끄러움이 뒤섞인 상소. 나와 함께 공부했던 친구들은 떠난 지 오래인데 혼자서만 돌아왔다.

3년간 매일 걸었던 길을 지나는데, 마음이 묘하다. 나, 오늘 미술과의 연을 영영 끊어 버리러 왔구나. 그것도 예술 고등학교에.

학교에 도착하니 지하 주차장을 만드는 공사를 하고 있었다. 여기저기 예전과 달라졌다. 졸업한 지 3년밖에 안 됐는데 벌써 많은 것이 변했다. 다행히 학교 현관 1층은 기억 그대로다. 벽면에 올해 2학년 학생들의 미전 작품이 걸려 있다.

잘 그렸네. 여기 내 그림 걸려 있던 곳이었는데.

온갖 감정적인 생각이 몰려든다. 이럴 때가 아니다. 노크를 하고 교무실로 들어갔다.

교무실은 번잡했다. 그리운 얼굴이 많이 보였다. 사립 고등학교라 선생님들이 거의 그대로 계셨다. 고2 때 담임이셨던 선생님께로 다가가니 나를 알아보시고는 기쁘게 반겨 주셨다.

"웬일이야! 완전 오랜만이다. 잘 지냈니?"

"선생님, 저 다시 공부하고 있어요. 의대 가려고요. 그래서 원서 접수 부탁드리러 왔어요."

교무실에 계신 선생님들께 차례로 인사를 드리고 본론을 꺼냈다. 얼굴이 화끈거린다. 나름 대학 잘 간 사례로 미대 1학년 때 강연까지 하러 왔었는데. 잘 다니던 대학을 관두고 뜬구름 잡는 소리를 하러 오다니. 날 어떻게 생각하실까.

집에 가고 싶다.

왜 수능 원서 접수는 인터넷으로 안 되는지 애꿎은 평가원을 탓한다.

다행히 선생님께서는 기쁘게 응원해 주셨다.

"와! 그럼 서울대나 연대 의대 가는 거야? 대단하다!"

"앗, 아뇨. 그 정도는 아니에요. 그냥 의대면 어디든 좋아요 하하! 서울대는 쓰지도 못해요!"

멋쩍게 웃었다.

선생님은 바로 원서 접수를 도와주시고는 잘해 보라고 등을 두드려 주셨다.

감사합니다 선생님. 저도 진심으로 잘 되면 좋겠어요.

수능 원서 접수를 끝내고 돌아오는 길. 고등학생 땐 이 길을 걸어 버스를 타고 집으로 향했지만, 오늘은 강남 대성 재수 학원으로 향한다.

아, 나는 어쩌다 이렇게나 길을 멀리 돌아와 버렸을까. 애초에 예고를 가지 않았으면. 미술을 시작하지 않았더라면.

아니야. 여기 와서 소중했던 기억이 너무 많았잖아. 사랑하는 친구들을 만났잖아. 미술은 네 꿈이었잖아. 네가 바랐던 거잖아. 어쩔 수 없었던 거야. 돌아갈 수밖에 없었던 거야.

그래. 미술을 전공한 걸 후회하지는 않는다.

처음부터 공부했다면 훨씬 수월하게 의대에 진학했겠지. 혹은 아예 다른 길을 선택했을지도 모르고. 그러나 미술에 대한 미련이 평생 남았을 것이다. 어쩌면 의대에서 미대로 전공을 바꿨을지도 모르지. 나는 이 길을 가 봤기 때문에 미련이 없는 거야. 내가 진정 잘하는 게 뭔지, 내 적성이 뭔지 여길 왔기 때문에 깨달은 거야.

괜스레 멜랑꼴리한 기분으로 학원에 돌아간다. 그러나 다시 자습에 몰입할 때쯤엔 언제 그랬냐는 듯 오만 생각이 사르르 사라지고, 공부에만 집중할 수 있었다. 역시 나는 공부가 적성이다.

다 잘 됐지 뭐. 쓸데없는 생각 말고 공부나 하자. 원서 접수도 했고, 이제 돌이킬 수 없다. 그래, 의대에 가는 거야. 원래 내가 가야 했던 길로, 먼 길을 돌고 돌아, 다다르는 거야.

결국 오늘의 결론도 어김없이, 공부합시다.

수시 지원표

가톨릭 대학교 의예과	연세 대학교 의예과	경북 대학교 의예과	부산 대학교 의예과	한양 대학교 의예과	이화여자 대학교 의예과
논술 전형	논술 전형	논술 전형	논술 전형	논술 전형	논술 전형

결전을 앞두고 페이스를 잃다

대형 재수 종합 학원은 자체 사설 모의고사 실시와 함께 세세한 결과 분석 서비스를 제공한다는 장점이 있다. 그러나 이 장점은 단점이 되기도 한다.

입시 후반부가 되니 모의고사의 수가 확 늘어나 거의 매주 모의고사를 치렀다.

매주 모의고사를 보니 정신적으로도 버거웠다. 9월 모의고사를 치른 지도 얼마 되지 않았는데 매일이 시험과 그 오답 분석으로 채워지는 것 같았다.

때로는 내 공부를 할 시간이 모자란다고 생각한 적도 있었다. 자체적으로 푸는 기출문제도 있었으니 체감상 이틀에 한 번꼴로 모의고사를 치르는 것 같았다. 숨이 막혔다.

시험은 단순 문제 풀이와는 다르다. 주어진 시간 안에 그 안에 얼마나 정확하게, 빠르게 푸는지가 중요하다.

아무리 풀이가 정확해도 속도가 느리면 의미가 없다. 괜히 시험이 아니다. 인강 들을 때 소모되는 정신적 에너지와는 차원이 다르다.

초긴장 상태를 반복했더니 목이 뻐근하니 아팠다. 머리가 매일 지끈거렸다. 공부를 시작한 지 수개월 만에 하루하루가 버겁다고 느껴졌다. 며칠 전만 해도 스터디 플래너에 '할 만하다'라고 썼었는데, 전혀 할 만하지 않다.

심지어 시험을 매일 본다고 잘 보는 것도 아니다. 조금이라도 점수가 휘청이는 날엔 감정을 추스리기 어렵다. 시험까지 얼마 남지 않았으니까. 이제 한 달 조금 더 남았나.

진짜 시험이 코앞인데 점수가 이래서 어떡해. 난 플랜 B도 없잖아. 원래 학교로 돌아가기는 죽어도 싫어. 어떻게든 의대 가야 해.

죽기 살기로 매일 모의고사를 풀었다. 초조함에 하루라도 쉴 수 없었다. 매일매일 국어와 영어만 빼고 전과목 시험을 치렀다. 스터디 플래너에 빨간색으로 점수를 기록하고 어제의 점수와 비교하니, 그날 점수에 일희일비한다. 불안정한 정신에 불안이 발을 들인다.

급할수록 돌아가라는 말도 있던가. 맞는 말이다. 급한 데 침착하지 못하고 급하게 대응하면 일이 꼬인다.

실수가 늘어났다. 시험을 보는데 자꾸만 손이 떨렸다. 수능에서 이러면 큰일 나는데. 불안은 불안을 낳고 초조는 꼬리를 문다. 어느 순간 깨달았다. 슬럼프구나.

누구에게나 슬럼프는 온다. 이것은 성장을 위한 과정일 뿐이다.

모르는 것은 아니었다. 그러나 슬럼프를 극복하는데 얼마나 오랜 시간이 걸리느냐가 문제였다. 시간이 없었다. 당장 다음 달에 수능을 본다.

최악의 상황이다. 9월 모의고사로 자신감이 붙었다고 생각했는데, 10월에 페이스를 잃을 줄은 몰랐다.

특히 과학이 문제였다. 문제를 푸는 데 한 문제당 5~6분이 걸리는 킬러 섞인 20문제를 30분 안에 풀기가 쉽지 않았다. 초반 쉬운 문제는 무조건 보자마자 정확한 답을 내야 했다. 엄청난 집중력을 요구했다. 30분 내내 초긴장 상태를 유지하고, 2분 휴식. 또 다음 선택 과목 시험으로 30분 초집중.

과학 시험을 보고 나면 머리가 너무 아팠다. 잠깐 엎드려 쉬고는 바로 일어나서 채점하고 오답 노트를 만들었다. 이렇게 하니 지치지 않을 수가 없었다.

슬럼프를 이겨 내기 위해서는 하던 일을 묵묵히 하라는 글을 읽은 적이 있다. 어차피 일상은 정해져 있어 하던 대로 공부를 할 뿐이었다. 여전히 불안했지만 여태까지 쌓아온 시간이 배신하지 않으리라 믿었다. 초조했지만 다른 방법이 없었다. 지금까지 버텨온 나 자신을 믿어야 한다.

수능까지 D-30. 이제 곧 결전이다.

하루 일찍 느낀 불안과 해방감

11월 12일. 수능이 있는 주 월요일에 쓴 메모다.

할 만큼 했다. 충분하다. 발휘할 일만 남았다. 행하라.
이 가슴의 두근거림을 즐기자. 흐름을 타자.

나는 연극하듯 거창하게 글 쓰는 걸 좋아한다. 그래서 가방이나 방을 뒤지면, 어딘가에서 가끔 오글거리는 어조의 메모를 발견할 수 있다.

수능이란 중대사를 앞두고도 역시나 잔뜩 기합을 넣은 문장들을 끄적였다. 그래도 이 메모를 따라 두근거림을 즐길 수 있었다면, 흐름을 탈 수 있었겠지만.

흐름이란 무엇인가. 살다 보면 '흐름'을 타는 것처럼 느낄 때가 있다. 내 모든 잠재력이 수월하게 발휘되고 하는 일이 모두 조화를 이루며 부드럽게 진행될 때. 마치 나와 세상이 공명하는 것 같을 때가 가끔 있다. 모든 일이 항상 흐름대로만 진행된다면 고민이 없을 것이다.

수능 전날, 11월 14일.

나는 흐름을 끊어 버리는 실수를 저지르고 말았다.

학원에서는 수능 당일의 컨디션 유지를 위해 오후 수업까지만 하고 학생들을 귀가시켰다. 평소보다 일찍 집에 온 날. 기분이 이상하게 고요했다. 내일이면 이 모든 고생이 끝날 터였다.

문제집을 봐야겠다는 생각이 들질 않았다. 과외 선생님도 괜히 자신감 떨어질 수 있으니 오늘만큼은 기출문제는 풀지 말고 개념만 읽어 보라고 하셨지만, 수십 번도 더 본 개념 노트는 쳐다보기도 싫었다. 지긋지긋했다.

내일이 결전인데. 오늘이 내가 결과를 바꾸기 위해 행동할 수 있는 마지막 날인데. 아직은 공부가 지긋지긋하면 안 되는데. 그냥, 풀어져 버렸다.

왜 그랬을까.

공부하는 내내 최선을 다했지만 후회하는 순간이 있다면 딱 이때다.

나는 수능 전날, 놀았다. 휴대폰을 하고 웹툰을 보고 인터넷 기사를 읽었다. 책은 한 장도 보지 않았다. 몸서리치게 공부하기가 싫었다.

할 만큼 하지 않았어? 이제 하늘에 맡겨도 되잖아?

오만방자하기 짝이 없는 마음가짐이었다.

그렇다고 자신감이 넘쳤거나 초조하지 않았던 것은 아니다. 오히려 미칠 듯이 불안했다. 나도 왜 그랬는지 설명하기가 어렵다. 불안하면 공부를 해야 하는데, 불안 속에서 기묘한 해방감을 느꼈다. 아직 시험에서 해방되기도 전인데 말이다. 벌써 끝났다고 느꼈던 것 같다.

내가 이날 다르게 행동했더라면 결과가 달라졌을까? 더 좋아졌을까? 나빠졌을까? 인생에 만약이란 없으니까 영영 알 수 없겠지.

그럼에도 불구하고 자꾸만 후회가 남는다. 내가 딱 하루만 더 최선을 다했더라면, 묵묵한 바위처럼 흔들리지 않고 공부했더라면 조금 더 나은 지금이 있지 않았을까.

오늘의 행동이 내일을 만든다. 내일의 결과는 오늘의 노력 혹은 방자함이 낳은 것이다. 잊어선 안 된다. 내일은, 미래는, 당신의 행동을 모두 지켜보고 있다.

당신만 특별히 운이 좋을 것이라고 생각하지 마라. 당신만은 자업자득의 굴레에서 벗어날 수 있으리라 생각하지 마라.

그때의 나에게 해주고 싶은 말이나 혹은 지금의 나에게 건네야 할 말은 바로 이것이다. 흔들리고 있다면 명심해라. 시간은 되돌아오지 않는다. 영영 후회할 일을 만들지 마라. 마지막까지 최선을 다해야 한다. 나는 그러지 못했기에.

수능, 결전의 날

대학수학능력시험, 대수능 또는 수능. 우리나라 입시 제도의 정점. 매년 수십만 명의 수험생이 수능 고사장을 찾는다.

우리나라에서 수능 영어 듣기 평가 시간엔 비행기도 안 뜰 정도로 중요한 시험이다. 왜냐하면, 우리나라에선 수능 점수가 대학교를 결정하고, 그 대학이 인생에 미치는 영향이 너무 크기 때문이다.

그래서 대학 자체의 유명세, 지원이 빵빵한 대학, 취업이 잘되는 과, 미래가 유망한 과, 유명 대학 등 학생들은 더 좋은 조건의 대학에 입학하기 위해 고등학교 3년 혹은 그 이상을 꼬박 공부에 투자한다.

각자의 꿈을 품고 고사장을 찾은 육십만 수험생 중 한 명. 나는 특히나 큰 꿈을 품고 왔다. 수포자였던 주제에 의대 진학이 목표인 나.

오늘 나는 1년의 여정을 모조리 쏟아붓게 된다. 뿌듯했던 순간도, 성취도, 성장도, 슬럼프도. 초조와 불안도. 오늘의 답안지에 모두 담길 테다.

아버지는 딸이 수능 본다고 휴가를 내시고선 고사장까지 데려다주셨다. 고사장은 집 근처에 있는 고등학교로 그리 먼 거리는 아니었다.

시험 보러 가는 길에 던킨도너츠에 들러 아버지가 사 주신 응원의 캐러멜마키아토로 몸을 녹이며 교실로 향했다.

두리번거리며 교실에 들어가 배정된 자리에 앉았다. 아, 이 느낌. 두 번째다. 첫 번째 이 느낌일 땐 이렇게까지 긴장되지 않았는데.

고3 때는 정말 모의고사 보는 기분으로 가볍게 보고 왔다. 내신이 좋았고, 미대가 요구하는 공부 수준이 그렇게 높지는 않아 거뜬히 해낼 자신이 있었다. 그러나 이번엔 어쩌면 내 역량 이상의 목표를 내야 하는 시험이다. 그러니 편하게 볼 수 있을 리가 없다.

온몸에 아드레날린이 내달린다. 저릿한 긴장. 기분이 좋은지 나쁜지 모르겠다.

일단 여기까지 왔으니 하는 수 없다. 시험을 잘 치는 수밖에!

주섬주섬 정리 노트를 꺼낸다. 국어 시험 전엔 여러 번 틀렸던 수학 문제를 다시 풀었다. 수학 문제를 풀다 보면 자연스레 문제에 몰입해 마음이 진정된다. 유형도 복습할 겸 시험 직전에 보기 딱 맞다.

시험 시작, 두근두근. 아 어떡해. 내가 진짜 수능을 또 보러 여기까지 왔어. 미쳤나 봐!

시험지를 받는 동안은 두 손을 머리 위로 올리고 있어야 하는데 달리 할 수 있는 게 없으므로 머릿속으로 혼자 시끄럽게 주접을 떨어댄다.

그래도 1교시가 국어라 다행이지 뭐야. 풀다 보면 익숙할 거야.

1교시 : 국어

사라락사라락 문제지 넘기는 소리가 들렸다.

남들보다 빠르게, 누구보다도 빠르게. 수월히 문제를 풀었다. 평소보다 어렵다. 비문학 파트에서 아리송한 문제가 두 개 정도. 다 풀고 나니 60분이 남았다. 오케이. 괜찮다. 한 바퀴 더 돌리고 별표 친 문제를 고민하면 딱이다.

한 바퀴 더 푸니 30분이 남았다. 실수 한 개를 잡아냈다. 큰일 날 뻔했지. 역시 검산이 필요해. 남은 30분간은 OMR 답안지를 체크한 후 별표 친 문제만 뚫어지게 쳐다본다. 그 안에 다른 결론이 나지 않으면 원래 표시했던 답으로 결정한다. 다행히 결론이 났다. 국어는 잘 해냈다. 좋았어!

2교시 : 수학

수학, 내 애증의 원수! 너 때문에 1년 동안 참 많이 울고 웃었다.

이 생활은 수학과의 싸움이라 해도 과언이 아니다. 공부 시간의 70퍼센트를 수학에 쏟아부었다. 이제 그 성과를 보일 때다.

솔직히 수학은 현장에서 어땠는지 잘 기억이 나지 않는다. 완전히 몰입했있나 보다. 살짝 손도 떨렸던 것 같기도 하고.

배운 대로 쉬운 문제부터 풀었더니 킬러 문제를 풀 시간이 30분 남았다. 그런데 아무리 여러 접근법을 시도해 봐도 킬러 문제는 풀리지 않았다. 눈물이 날 것 같았다.

마무리할 시간이 다가온다. 모르는 건 그냥 찍자.

탁.

사인펜을 내려놓으니 시험 시간 종료를 알리는 종소리가 울린다.

점심시간

수학 시간이 끝난 후엔 머리가 지끈지끈 아팠다. 부모님께서 도시락을 싸 주셨지만, 먹지 못했다. 수학을 망쳤는지 잘 봤는지 감이 안 왔다.

이미 지난 건 지난 거니 내가 할 수 있는 일을 하자.

점심을 먹고는 자주 헷갈리는 지구과학 천체 문제 위주의 개념 노트를 봤다. 지금 보는 것이 시험에 나올 수도 있으니까.

일단 영어보다는 과학이 급하다.

3교시 : 영어

영어는 식사 직후 시험이라 많이 졸렸다. 영어 듣기 평가를 하는데 졸려서 자꾸 하품이 나와서 혼났다. 하품 때문에 난 눈물로 시험지가 젖었다. 누가 보면 망해서 우는 줄 알겠네.

영어는 자신 있다.

4교시 : 탐구

탐구 시험도 기억이 흐릿하다. 죄송하다. 수학도 과학도 기억이 흐릿하다. 그저 온 정신력을 쏟아서 집중한 것 같다. 아, 생명 과학 유전 문제 때문에 한 번 멘붕이 왔다.

순식간에 30분이 지나고 첫 탐구과목 시간이 끝났다. 어떻게 봤는지 정신이 하나도 없다. 2분간 숨을 고르고 바로 지구과학 시작. 역시나 초집중. 어려운 문제를 제외하면 금방 풀었지만, 킬러 문제가 수월하게 풀리질 않는다. 시간이 부족했다.

한국사 시험은 쉬웠다. 금방 답안지에 마킹을 끝내고 엎드렸다. 눈물이 나올 것 같았다. 그렇게 잘 본 것 같지 않다.

1년 더 해야 할까? 1년 더 하면 될까? 일단 끝났어. 오늘은 집에 가서 쉬자.

집에 도착해서 방문을 걸어 잠그고 엉엉 울었다. 나 안 될 것 같아요. 죄송해요 엄마, 아빠. 망한 것 같아. 어제 노는 게 아니었는데. 어제 그 킬러 문제를 한 번만이라도 봤더라면. 내게 조금만 더 시간이 있었더라면…….

시험 채점 결과는 당일 나왔다. 재수 학원 담임 선생님께 문자 메시지로 채점 점수 보내고 침대에 누웠다. 절망적이었다.

아, 망했어요

수능 가채점 결과가 나왔다. 1년을 쏟아부은 결과를 종이 한 장으로 출력할 수 있었다.

국어 95	수학(가) 88	영어 97	한국사 50
생명과학 Ⅰ 43	지구과학 Ⅰ 41		

당신은 지금까지 이 글을 읽으며 나의 1년간의 여정을 함께 했다. 내 점수를 보고 무슨 생각이 들지 궁금하다.

공부한 만큼에 걸맞은 점수라 생각할까, 아쉽다고 생각할까. 놀랍다고 생각할까.

예고 나온 수포자가 1년 안에 여기까지 해냈다고만 하면 사실 나쁘지 않은 성과다. 어쩌면 할 수 있는 최선의 결과일지도 모른다. 하지만 내 목표는 의대였다. 의사가 되기 위해 반드시 진학해야 하는 의과대학 의예과였다.

언뜻 보기에 수학은 2등급, 과학은 2등급이나 3등급일 것 같았다.

의대는 무슨 의대야.

꿈이 거품이 되어 터지는 소리가 들렸다. 이날 나는 생각했다.

'실패했구나.'

물론 공부를 시작할 때부터 2년 이상 해야 할 것이라는 말을 들었다. 사실 몇 년을 해도 붙는다는 보장은 없었다. 고등학교에서 날고 기던 수재들도 의대를 가려고 몇 년이고 공부하지 않던가. 그러니 내가 1년 안에 해내리란 주장은 아무 근거 없는 자신감이었다. 그럼에도 불구하고 시도했고, 여기까지 왔다. 많이 왔다. 놀라운 속도로 성장했다.

점수 그래프가 우상향을 그렸다. 그러나 조금, 아주 약간, 부족했다.

그래도 표준 점수가 극적으로 잘 나온다면 아주 약간의 가능성이 있긴 했다. 그러나 일단 모든 수시 논술 전형에 자동으로 탈락하는 점수였다. 논술 전형 최저 기준을 맞추지 못했기 때문이다.

대부분의 의대 논술 전형은 수능 최저 학력 기준이 존재한다. 예를 들어 가톨릭대학교는 당시 국, 수(가), 영, 탐(2개 과목 평균) 중 3개 과목 1등급, 한국사 4등급 이내를 요구했다. 그러기 위해서는 수학과 탐구 중 하나는 적어도 1등급을 받았어야 했다. 하지만 나는 지금까지 논술을 위해 투자했던 모든 시간과 노력이 허사가 됐다. 할 일이 끝나 버렸다.

원래는 수능이 끝나면 직전 논술 대비 공부를 하고 논술 시험을 보러 가야 했지만, 이젠 다 소용이 없게 됐다.

논술 고사장을 가기는 했다. 내년을 대비해 문제 유형을 경험하기 위해서였다. 단지 시험을 보는 내내 내가 지금 아무리 잘해도 붙을 수는 없다는 허망한 느낌이 들었다.

내가 너무 오만했을까? 왜 할 수 있을 것 같았을까? 내 능력을 과대평가했을까? 9평으로 보았던 잠재력은 허상이었을까.

심지어 해설 강의를 보니 침착했다면 수학 한 문제는 충분히 풀 수 있는 문제였다. 그제야 시험 당일날 보지 못했던 것들이 보였다. 아쉬웠다. 너무나도 뼈저리게 아쉬웠다.

아직 완전히 끝난 건 아니다. 정시가 남아 있다.

재수 학원 담임 선생님과 정시 상담을 했다. 듣기로는 정보에 기반한 전략적인 지원으로 정시 결과가 많이 바뀐다고 했다. 지금 나에게는 희망적인 말이었지만 이미 내 마음은 독서실 등록 절차를 생각하고 있었다. 역량을 다 발휘하지 못했다는 실망감. 스스로에 대한 실망스러움은 생각보다 많이 아팠다.

나를 살린 것

정시 지원을 끝내고 기다리는 시간이 이어졌다. 잠시 여행도 하고 쉬는 시간을 가지려 했지만, 마음에 여유가 생기질 않았다.

합격자 발표하는 날이 아닌데도 자꾸만 대학교 홈페이지를 들락날락했다. 아무리 쉬어도 편안하지가 않았다.

결국 초조함을 이기지 못해 스터디 카페 한 달권을 등록했다. 내가 생각할 때 60퍼센트의 확률로 지원한 학교에서 다 떨어질 것 같았다. 차라리 지금부터라도 다시 공부하는 게 나을 것 같았다.

마음을 다잡고 인강 사이트를 훑으며 새로운 선생님들을 찾고 수학 기출문제를 다시 풀었다.

뭐라도 하니까 좀 나은 것 같았다. 이럴 때일수록 가만히 있으면 실패자가 된 것 같아 차마 견딜 수가 없었다. 그래도 기약 없는 기다림은 아니었으니 하나둘씩 결과가 나왔다.

화면에는 합격 또는 불합격이 아니라 예비 번호 nn번이란 애매모호한 결과가 나왔다. 내 앞에 예비 번호 수만큼의 대기자가 있고, 그들이 모두 다른 대학을 가야 내가 합격한다는 뜻이다. 나는 내 앞번호 사람들이 하향 지원했길 간절히 바랐다. 그래야 다른 대학으로 빠질 테니까.

가군 대학교는 20번, 나군은 87번, 다군은 208번이었다. 가군 대학교는 보통 상향 지원을 하니 예비 번호가 거의 빠지지 않는다. 다군 학교는 예비 번호가 많이 돌기로 유명했으나 처음부터 뽑는 인원은 많지 않았다. 사실상 합격 가능성이 있는 건 나군 학교뿐이었다.

2월까지 결과를 기다렸다. 모집 인원 2배수 이상의 추가 합격은 직접 개별 연락을 돌린다는 말에 계속 전화기를 끼고 살았다. 작년엔 백 번 넘게 돌았다는 소문이 있었지만, 확실한 건 아무것도 없었다. 그저 기다림, 기다림, 기다림의 연속이었다.

간절한 기다림은 참 괴롭다. 추가 합격 전화를 기다림, 입사 결과 발표를 기다림, 원고 투고 후 출판사 연락을 기다림 등. 기다리는 동안은 계속 그 생각만 난다. 다른 일을 하려고 해도 집중이 되질 않는다. 온 정신이 기다리는 대상에 쏠려 있다. 공부를 하다가도 몇 번이고 휴대폰을 봤다.

혹시나 오늘은? 오늘은 연락이 오지 않을까. 혹시 이미 끝나 버린 건 아닐까.

그렇게 매일, 기대와 불안이 엉망으로 뒤엉켜 있었다.

어느 날 휴대폰 진동이 울렸다.

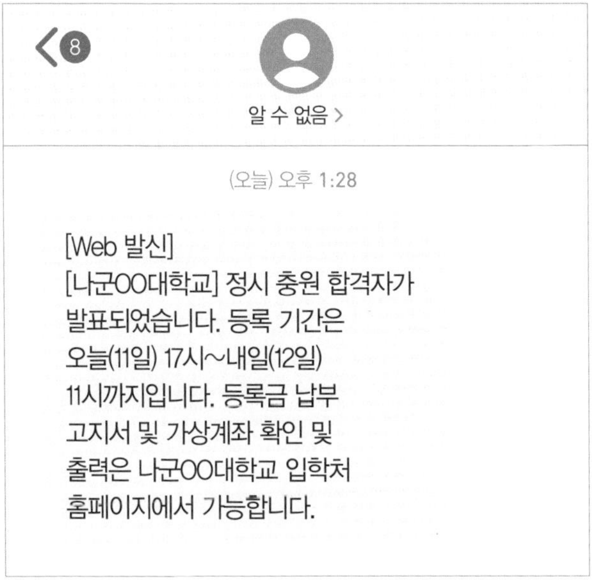

헉! 설마. 떨리는 눈으로 입학처 홈페이지를 찾아 수험 번호를 입력했다.

두근, 두근, 두근. 제발. 제발. 하느님 예수님 부처님 알라신 아무나, 간절히 바라옵니다. 제발…!

합격이었다.

내가 의대에 붙었다. 수학이라곤 미적분도 배운 적 없었던 내가 1년 만에 의대에 합격했다. 기적이었다. 이 모든 게 꿈이 아니었다. 나는 목표를 이뤘다!

돌이켜 보니 결국 합격의 일등 공신은 공부 시간의 1퍼센트도 차지하지 않았던 국어였다. 공부한 시간의 99퍼센트를 수학과 과학에 투자했지만, 1년이란 시간의 한계를 무시할 수 없었다. 남들이 수년을 갈고닦은 길을 못 본 척 뛰어넘을 순 없었다. 어느 정도 수준까지는 올랐지만, 최상위권에 비하면 실력 부족, 경험 부족이었다. 다시 봐도 수학과 과학 점수는 의대에 가기엔 많이 부족했다. 그럼에도 불구하고 압도적인 국어 표준 점수 덕에 합격했다. 나를 살린 건 강점이었다.

당신에게도 당신만의 강점이 있길 바란다. 어떤 상황에도 굳건하게 흔들리지 않는 당신만의 강함. 부족한 부분을 갈고닦고, 단점을 보완하는 것도 중요하지만, 결국 나를 살리는 건 항상 나와 함께 해온 나만의 장점일 수 있다.

자신의 강점이 무엇인지 알고, 이를 소중히 여기자. 가장 중요한 순간에 당신의 구원자가 되어 줄 것이다.

삶을 바꾸는 일

새로운 캠퍼스에 도착했다. 호수가 있는 넓은 부지, 새하얀 건물들. 겨울 공기가 상쾌하게 차다.

신입생 환영회가 있다고 안내 받은 건물을 향해 걷는다. 나무가 많아 산책하는 기분이다.

내가 해냈구나!

새삼스레 감탄한다.

나는 이제 19학번 의예과 신입생이다. 앞으로 이곳에서 6년 동안 공부하며 의사가 되기 위한 준비를 하게 된다. 그리고 졸업 후엔 큰 이변이 없다면 의사가 되겠지.

이것은 나의 22살을 고스란히 공부에 바쳐 이뤄 낸 결과다. 수많은 사람의 도움이 있어 가능했다. 무엇보다도 나 자신의 간절함이 있었기에 가능했다.

의대에 가서도 지겹도록 공부를 하겠지만, 이젠 공부가 두렵지 않다. 공부의 진정한 의미를 깨달았기 때문이다.

공부란 단순히 새로운 지식을 배우고 익히는 것을 넘어, 삶을 바꾸는 일이다.

새로운 지식이나 노하우를 익히는 일은 쉽지 않다. 어려운 개념에 대한 끈질긴 이해, 여러 변수가 존재하는 실천과 응용, 체화를 위한 지루한 반복 작업이 필요하다.

반복은 재미없다. 배우고자 하는 사람 그 누구도 지루하고 고된 중간 과정을 건너뛸 수는 없다. 그럼에도 불구하고 공부는 과정의 지루함과 고통을 모두 보상하고도 남을 만한 가치를 제공한다.

공부는 그대의 삶을 완전히 바꿀 것이다. 새로운 앎은 새로운 지평을 제공하고, 지평 속에서 당신은 새로운 사고방식을 획득한다. 세상을 보는 눈이 넓고 깊어진다. 이전에는 보지 못했던 위험과 기회가 보인다.

혹시 삶을 완전히 바꾸고 싶지는 않은가. 지금의 일이 도무지 자신과는 어울리지 않는다고 느끼는가. 패러다임의 전환이 필요한가. 인생의 터닝 포인트를 기다리고 있지는 않은가. 그렇다면 여기 해결책이 있다. 공부는 크든 작든 당신 삶에 변화를 불러오리라 확신한다.

공부하라. 당신의 기적을 스스로 가꾸어라. 새로운 앎을 갈구하라. 당신의 삶을 한 차원 높은 곳으로 끌어올려라. 치열하게, 간절하게, 또 즐겁게. 답은, 공부다.

2부

독학 마스터가 제안하는 공부법

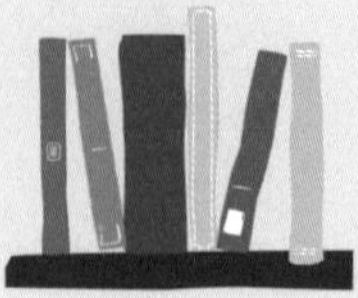

공부의 '재미'를 아시나요?

수포자 미대생이 1년 공부해서 의대 가다.

나는 이것이 흔치 않은 경험이라 생각해 공부를 글쓰기의 주 콘텐츠로 삼았다. 내 인생에 일어난 가장 극적인 사건이기도 하고.

다른 길을 걷고 싶어 하는 누군가가 내 이야기를 읽고 용기를 얻을 수 있으리라 생각했다.

그러나 사실 나는 공부를 그리 좋아하지 않는다. 공부보다 훨씬 쉽고 재미있는 일을 많이 알고 있기 때문이다. 공부는 컴퓨터 게임에 비하면 지루하고 고될 뿐이다. 공부에 대해 쓰려고 하면 온몸에 가시가 돋는다.

아악, 놀고 싶어! 글마저 공부에 대해 써야 한다니!

글 쓰던 것을 가끔 확 던지고 싶다.

그럼에도 불구하고 1년을 매일 12시간씩 앉아 공부할 수 있었던 건, 공부가 주는 재미의 정체를 조금이나마 알고 있었기 때문이다. 아주 재미난 활동은 아니지만, 그래도 아주 쪼금은, 요만큼은, 공부만이 주는 확실한 재미가 있다. 그걸 알고 나면 훨씬 쉽다.

공부의 첫 번째 재미는 바로 '초월의 순간'이다.

초월의 순간이란 나의 실력이 한 차원 높아지는 시점을 말한다. 실력을 계단에 비유하자면 평지에서 다음 계단으로 올라서는 바로 그 순간이다. 이 순간은 매우 물리적이고 뚜렷하게 존재한다. 내가 다음 단계에 이르렀음을 깨달을 때, 그 짜릿함을 이루 말할 수 없다.

목표를 세워 진득하게 공부해 본 사람이라면 뚜렷하고 분명한 초월의 순간들을 경험해 봤을 것이다. 이 경험을 해 본 사람이라면 늦게라도 공부를 시작하는 게 어렵지 않다. 공부는 누구에게나 지루하고 고되지만, 이 고비를 넘으면 어떤 보상이 따라올지 알기 때문이다.

내가 처음으로 초월을 경험한 것은 '국어' 과목이었다.

나는 예전부터 책을 좋아했다. 중학교 땐 베르나르 베르베르(Bernard Werber)에 미쳐 살았고, 도서관에서 하루 종일 조정래의 《태백산맥》을 읽었다. 고등학교 땐 톨스토이의 《안나 카레니나》 등의 고전 소설을 즐겨 읽었다.

그러던 어느 날, 국어 모의고사를 푸는데, 모든 글이 너무나도 쉽게 읽혔다. 문제를 읽으니까 그냥 답이 보였다. 모든 텍스트가 내 아래 있는 느낌! 적어도 수능 수준까지는 명확하게 모든 문제가 내 수준 아래 있는 것을 느꼈다. 그러니 틀릴 수가 없었다. 그 계단보다 위에 서 있었으니까. 얼마나 짜릿하던지!

그 후로는 단 한 번도 국어 공부를 따로 해본 적이 없다. 고3 때도, 의대를 가려고 공부할 때도. 지금까지도 독해력이 필요한 과목은 내 학점을 책임지는 고마운 영역이다.

영어도 마찬가지다. 나는 원래 영어가 너무 싫고 어렵기만 한 학생이었다. 단어를 다 못 외워 나머지 수업을 받기 일쑤였다. 그런데 고등학교 2학년 때 한 애니메이션을 좋아하게 됐다. 그런데 인터넷에 그 애니메이션의 영어 팬픽(팬 픽션의 줄

임말. 팬이 그 작품을 기반으로 쓴 소설을 뜻함)이 수없이 많은 걸 발견했다. 그날부터 쉬는 시간마다 팬픽만 읽었다.

한 문장 읽으면 모르는 단어가 반이라 줄기차게 사전을 찾았다. 읽고 또 읽고. 그렇게 고2 시절을 영어 텍스트에 빠져 살았다. 거의 수천 편을 읽은 것 같다.

그러다 언젠가부터 사전을 찾지 않게 됐다. 같은 단어를 9번 정도 찾으니 자연스럽게 외우게 되었다. 여러 번 읽다 보니 수능 지문이 짧게 느껴졌다. 따로 공부하지 않고도 수능 영어는 만점을 받게 됐다. 계단 꼭대기에 있지는 않아도, 적어도 '수능 수준'의 계단 위에 올라선 게 느껴졌다. 자연스레 자신감이 붙었다.

계단을 한 칸 올라선다는 건 그 아래의 수준을 초월했다는 의미다. 적어도 내가 올라선 수준 이하의 문제들로는 어려움을 겪을 일이 없다. 이를 경험해 보면 자연스럽게 다음 목표가 생긴다. 바로 계단을 한 단계 더 올라가는 것!

내가 수포자였음에도 의대를 갈 수 있으리라 용감하게 도전한 것은 내가 다다라야 할 목표를 알고 있었기 때문이다. 수학과 과학에서 적어도 '수능 수준'까지의 계단 위로 올라서면 됐다. 가야 할 길이 뚜렷하게 보였다.

두 번째 재미는 바로 공부한 걸 '써먹는' 순간이다.

어떤 분야의 지식이든 일정 수준 이상을 쌓으면 실생활에서 써먹을 수가 있다. 이 재미는 많이 느껴 보셨으리라 생각한다. 외국어를 배워 여행에서 직접 음식 주문을 한다거나 원서를 자신 있게 찾아볼 때 말이다. 내 노력이 이뤄낸 결과가 눈으로 보이니 뿌듯하다.

지식은 머리에 담아 두는 걸 넘어서 일상에서 직접 써먹을 때 더욱 빛이 난다. 인터넷 검색이나 구글 번역기의 도움을 받는 것과는 차원이 다르다. 특히 외국어 공부에서 이러한 재미가 두드러진다. 교양 수업 때 배운 짧은 독일어로 오스트리아 기차 방송을 알아들었을 때 얼마나 신나던지. 이 맛에 다들 외국어 하나보다 싶었다.

셋째는 '통섭'의 순간이다.

공부를 하다 보면 여러 분야의 지식이 연결되는 것을 느낄 때가 있다. 혹자는 이를 '통섭'이라 명명했다.

어느 시점에 이르면 서로 다른 영역의 지식이 엮이고 합쳐지는 것이 보인다. 이게 또 참 짜릿하다.

미대 재학 시절에 서양 철학 개론 수업을 들은 적이 있다. 꽤 적성에 잘 맞아서 관심 있는 철학자들의 저서를 추가로 찾아 읽었다. 그런데 의대에 와서 한 교수님이 그 시절에 읽었던 책을 추천해 주시는 게 아닌가. 인간의 '몸'에 대해 이해하는데 다각적인 접근이 필요하다면서 말이다. 얼마나 신기하던지!

또 어떤 책을 읽을 때 관련이 없어 보이는 분야의 책이 추천 도서인 경우도 있다. 이럴 때마다 세상이 참 복잡하게 연결되어 있다는 것을 느낀다.

학문 또한 학교 과목처럼 딱 잘라 나뉘는 것이 아니라 같은 뿌리를 공유하거나 겹치고 갈라지며 발전했다는 생각이 든다.

한 분야에 대해 깊이 파고들수록 더 넓은 시야와 지식이 요구된다. 공부란 깊게만 파고드는 과정이 아니라, 깊어지는 동시에 넓어지는 일이기도 하다.

공부의 재미를 알면 공부가 한결 쉬워진다. 비록 구체적으로 공부 '잘하는 법'을 제시한 것은 아니지만, 뭐든 즐기는 사람이 가장 위에 있다고들 하지 않은가. '즐기는 법'을 알면 '잘하게' 된다. 어느 분야든 스스로 그 재미를 느껴 봐야 한다. 그 순간에 다다르기까지는 지루하고 고된 반복 학습이 필요하다. 건너뛸 수 없는 시간이 있다. 많이들 이 구간에서 포기한다. 이 고비를 넘어야 한다.

조금만 더 버텨라. 버텨서 계단 위에 올라서는 경험을 해 보시라. 이 경험을 하고 나면, 그 이전으로는 돌아갈 수 없을 것이다. 공부라는 한 편의 프로세스가 내 발아래 있는 게 보일 때, 당신은 무엇이든 배울 수 있겠다는 자신감에 휩싸인다. 공부할 수 있다는 자신감은 한평생 함께할 든든한 자산이다.

공부, 생각보다 할 만하다.

공부, 디지털 드로잉, 2020

공부에도 재미가 있다.
공부의 재미를 깨닫고 나면 배우고 익히는 과정이 훨씬 쉽다.
초월, 활용 그리고 통섭의 순간을 거치면
무엇이든 공부할 수 있다는 자신감이 생긴다.

의지보다 효과적인 시스템

작심삼일. 시작은 의욕이 넘치지만 3일이나 가면 다행이다.

의지를 다잡고 책상에 앉기엔 유혹하는 것들이 너무 많다. 오늘 끝내기로 한 일이 있는데, 잠시 후에 하면 안 될까.

아무리 의지가 강한 사람도 시간이 지날수록 목표 의식이 흐려지게 된다. 우리 뇌가 원래 유혹에 약하다. 문제는 의지가 아니다. 문제는 환경, 즉 시스템이다. 장기전을 위해서는 꾸준함이 필요하다. 꾸준함을 위해서는 시스템이 필요하다.

시스템(system) 또는 환경. 이것은 어떤 일이 반복적으로 작동하는 방식이나 환경, 틀을 의미한다. 매일 9시부터 6시까지 로 정한 근무 시간도 시스템이고, 학원에서 50분 수업 후 10분 휴식인 스케줄도 시스템이다. 매일 반복하는 당신만의 다이어리 작성법이 있다면 그것도 시스템이다. 시스템의 핵심은 '반복'과 '꾸준함'이라 할 수 있다.

시스템의 힘은 강력하다. 괜히 사람들이 비싼 돈 주고 관리형 독서실을 찾는 게 아니다. 엎드리지 못하게 하고 휴대폰을 수거하는 그 시스템이 집에서 혼자 책상 앞으로 기어가는 의지보다 훨씬 강하다. 또, 효율적이다. 공부하려고 시동을 거는 데에 정신적 에너지를 낭비할 필요가 없다. 시스템은 당신이 그저 하도록 한다.

최고의 피겨 스케이팅 선수 김연아는 스트레칭을 할 때 어떤 생각을 하냐는 질문에 '그냥 한다'고 대답했다. 이것저것 재지 말고 '해야 한다.' 꾸준한 실행이 중요하다.

그러나 하루아침에 변화를 기대하면 안 된다. 의미 있는 변화는 불타오르는 의지가 아니라 지속적인 꾸준함이 만든다. 그저 시스템이 작동하게 해야 한다.

당신은 시스템 속에서 오늘도 내일도 또 모레도 한 시간의 공부를 쌓게 될 테고, 그것이 쌓여 수십에서 수백 시간이 될 것이다. 다시 강조하지만 꾸준해야 쌓이고, 쌓여야 변한다.

시스템은 꾸준함을 성사시키기 위한 도구다. 의지로 해결하려 하지 말고, 시스템을 구축하라.

어떻게 시스템화할 수 있는가?

쉽게는 학원이나 독서실과 같은 이미 짜인 시스템에 들어갈 수도 있다. 그러나 그럴 여건이 안 된다면 스스로 시스템을 설계하면 된다.

반복 가능한 메커니즘을 설계하라. 시간과 방식, 일의 순서를 정하라. 매일 아침 7시 45분에 일어나서 세수 후 무조건 15분 동안 글을 쓰고 아침 먹기, 자기 전에 양치 후 10분 동안 일기를 쓰기 등 간단한 프로세스를 만든다. 단, 지킬 수 있어야 하고 구체적이어야 한다. 거창한 일이 아니다. 스스로를 프로그래밍한다고 생각하면 편하다.

예) 6시 기상 – 휴대폰 알람 끄고 이불 정리 – 양치 후 커피 한 잔 마시기 – 책상 앞에 앉아 스터디 플래너 확인 – 하루 체크 리스트를 작성(책상은 항상 공부하기 좋은 환경으로 유지할 것) – 리스트에 적어 둔 첫 번째 일부터 시작

중요한 건 실행이다. 실행을 위해서는 의지보다 시스템이 효과적이다. 잘 짜인 체계가 당신의 시간, 정신, 물리적 에너지를 아껴줄 것이다. 게다가 우리 정신에도 관성이 있어서 꾸준히 시스템을 따르다 보면 체화되어 습관이 되기 마련이다.

습관은 시스템이 체화된 형태다. 꾸준함을 만들기 위한 최고의 준비 상태라 할 수 있다.

시스템 – 환경 – 습관은 이어져 있다. 모두 꾸준함을 만드는 도구다. 결국 꾸준함이 변화를 일으킴을 명심하라. 그리고 의지보다도 환경과 시스템을 점검하라. 지금, 당신의 일과는 공부하기에 최적의 시스템인가?

System, 디지털 드로잉, 2020

시스템-환경-습관은 이어져 있다.
이것들은 꾸준함을 만드는 도구이다.
결국 꾸준함이 변화를 일으킴을 명심하라.
그리고 의지보다도 환경과 시스템을 점검하라.
지금 당신의 일과는 공부하기에 최적의 시스템인가?

나에게 맞는 공부법 찾기

세상엔 공부법이 참 많다. 공부에 자신 있다고 말하는 수많은 사람이 각자 최고의 비법을 얘기한다. 이에 대해 내가 내린 결론은, 공부법은 '개인적이라는 것'이다.

사람마다 자기에게 맞는 공부법이 있다. 그리고 오직 스스로의 시행착오를 통해서만 자신만의 공부법을 찾을 수 있다.

예를 들어, 나는 모든 개념을 (아주 세세한 것까지) 정리해 외우는 스타일이다. 정리를 하면서 정보를 이미지화하고, 내가 배열한 순서대로의 정보를 머리에 저장한다. 그래서 나는 암기하려면 정리 과정을 거쳐야 한다.

나와 반대로 우리 오빠는 정리하는 법이 없다. 아무리 많은 양도 책을 쭉 읽으면 끝이다. 이렇게 그저 반복적으로 읽으면서 암기하는 스타일도 있다. 그게 부러워 따라 해 보기도 했지만, 나는 손으로 쓰지 않으면 잘 외워지지 않았다. 오빠의 방법은 내게 맞지 않았다.

나 역시 공부 효율을 늘려 보고자 많은 공부법을 시도해 보았지만, 결국 노트에 쓰면서 정리하는 것이 가장 잘 맞는다는 결론에 이르렀다.

수많은 공부법은 당신이 반드시 거쳐야 할 시행착오의 단계를 줄여줄 뿐이다. 타인이 소개하는 공부법이 자신에게 맞을 수도, 맞지 않을 수도 있다. 이것을 확인하려면 결국 공부를 많이 해 봐야 안다. 공부법은 공부를 통해서만 터득할 수 있다. 그러니 아직 공부에 익숙하지 않다면, 자신만의 공부법을 몰라 헤매는 게 당연하다. 좋다고 소문난 방법을 따라 해 봐도 잘 모르겠다면, 그냥 그 방법이 당신에게는 맞지 않을 뿐이다. 충분히 그럴 수 있다.

어떻게 해야 나만의 공부법을 찾을 수 있을까?

일단, 여러 공부법을 시도하면서 가장 자신에게 잘 맞는 방법을 찾아야 한다. 공부에 익숙해지면서 자기만의 스타일이 생기게 된다. 이렇게 자신만의 스타일이 완성되고 나면 공부법에 대해 고민할 필요가 없다. 그쯤 되면 자신감이 붙고 공부가 대체 무엇인지 보이기 시작한다.

그러나 공부가 처음이라 뭘 어떻게 해야 할지 막막한 사람들을 위해 쉽게 따라 할 수 있는 공부 방법을 소개하겠다. 따라 해 보고 맞지 않으면 과감히 버리면 된다. 자신에게 맞는 공부법을 찾을 때까지 일단 시도해 보라.

재수생이 알려 주는 공부하기 좋은 장소

혹시 이 글을 읽고 있는 사람이 수험생이라면 공부를 위한 최적의 환경이 어딘지 궁금할 것이다. 수험생이 아니라면? 미래에 써먹을 수 있을지도 모른다. 그러니 재미로 읽어도 좋다.

공부를 위해 선택할 수 있는 장소의 특징과 장단점을 경험을 토대로 소개하고자 한다. 소개할 곳은, 독서실, 독학 재수 학원, 재수 종합 학원, 집, 카페 총 5곳이다. 대학 입시를 준비 중인 수험생이라면 독재와 재종 학원 위주로, 개인적인 독학을 준비하는 사람이라면 집, 카페, 독서실 위주로 읽어 보길 바란다.

나는 이곳에서 모두 최소 2달 이상 직접 공부해 보았다.

집

가장 기본적인 장소다. 경제 활동을 하는 사람이라면 사실 집 외의 다른 선택지를 고르기 힘들 것이다.

집의 가장 큰 장점은 역시 접근성이다. 학원이나 카페는 따로 시간을 내서 가야 하는 번거로움이 있다. 그러나 집은 그냥 공부할 마음을 굳게 먹고 책상 앞에 앉으면 끝이니 참으로 간단하다. 이용료도 들지 않는다.

그러나 치명적인 단점이 있다. 생활을 영위하는 공간인 만큼 내가 살기에 최적의 환경을 제공한다는 점이다. 그래서 지나치게 편안하다.

집에서는 공부 말고도 할 수 있는 게 너무 많다. 침대가 책상 앞에 있다면 더더욱 위험하다. 편안한 휴식이 3초 거리에 있는데 공부에만 집중하기는 쉽지 않다. 솔직히 다른 선택지를 고를 수 있다면 집에서 하는 공부는 추천하지 않는다. 그런데도 집에서 공부할 수밖에 없는 상황이라면, 우선 공부하기 위한 장소를 만들어야 한다. 가능하면 노트북이나 컴퓨터가 없는 책상을 마련해라. 컴퓨터 책상보다는 차라리 식탁에서 하는 게 나을 수도 있다. 휴대폰은 무음 모드로 바꿔 침대 이불 속에 파묻어 버려라. 가까운 곳의 유혹을 최대한 제거해야 한다.

나는 자취방에서 공부할 때 책상을 두 개 마련해서 썼다. 인터넷에서 산 2만 원짜리 저렴한 책상을 두 개 붙여서 한 책상엔 컴퓨터를 두고, 다른 책상엔 책꽂이를 뒀다. 인강 들을 때를 제외하곤 책꽂이 책상에서만 공부했다. 휴식용 책상과 공부용 책상을 구분하니 확실히 공부가 더 잘 됐다.

독서실

이곳은 공부만을 위해 마련된 공간이다. 대부분 유료지만 학원보다는 저렴하다. 시에서 운영하는 도서관 열람실을 이용하면 무료로 쓸 수도 있다. 독서실은 다른 장소에 비해 상대적으로 가성비가 좋은 편이다. 이곳은 오로지 공부를 목적으로 제작된 장소이기 때문에 집중을 위한 최적의 환경을 제공한다. 대부분의 독서실이 개인별 책상을 제공하며 LED 라이트와 백색 소음, 사물함 등이 준비되어 있다.

게다가 요즘은 많은 독서실이 '스터디 카페'라는 이름으로 보다 깔끔하고 세련된 인테리어를 갖추고 있다. 칸막이나 커튼이 쳐진 전통적인 독서실과는 다르게 탁 트인 공간 연출로 개방적인 느낌을 준다. 이런 독서실은 커피나 간단한 다과를 제공하는 경우도 많다. 대개 노트북 할 수 있는 공간이 따로 있다.

그러나 소음에 민감한 사람이라면 독서실과 맞지 않을 수 있다. 아무리 개인실을 사용한다 해도 옆자리 사람의 책 넘기는 소리, 연필 소리 등 자잘한 소음이 들리기 마련이다. 큰소리야 제재를 요청할 수 있지만 어쩔 수 없이 나는 소음은 어쩔 수가 없다. 볼펜 뚜껑 여는 소리에도 집중력이 끊길 만큼 소리에 민감하다면 독서실보다는 집에서 혼자서 공부하는 것이 좋다. 그럼에도 개인적으로 가장 추천하는 장소다.

특히 특정 분야를 인강이나 책으로 독학하고자 하는 사람에게 추천한다. 상대적으로 저렴한 비용으로 공부만을 위한 환경을 이용할 수 있으니 좋다. 혹시 스스로 의지가 약하다고 생각한다면 공부 시간과 태도를 관리해 주는 관리형 독서실을 선택하자.

카페

'카공족'이란 말이 있을 정도로 많이 이용하는 장소다. 음료를 한 가지만 시켜 놓고 서너 시간씩 앉아 있어 진상 손님이란 꼬리표가 붙기도 하지만, 요즘은 대개 오래 앉아 있으면 음식이나 음료를 추가로 시켜 시간만큼의 대가를 지불하려는 분위기다.

오래 있기엔 눈치 보이는 장소임에도 불구하고 수많은 사람이 카페를 찾는다. 그만큼 작업이 잘 되기 때문이다.

카페에 갈 땐 보통 독서나 공부, 작업 등 분명한 목적이 있어 그 목적에만 집중하기가 쉽다. 또 적당히 시끄러운 분위기가 오히려 집중에 도움을 주기도 한다. 내가 내는 소음에도 크게 신경 쓸 필요가 없다. 연필 사각거리는 소리나 키보드 소리에 아무도 눈치를 주지 않는다. 자유롭고 개방적이다. 카페만의 편안한 분위기가 있다.

그러나 비용이 많이 든다는 단점이 있다. 요즘 대형 프렌차이즈 카페의 아메리카노 한 잔이 4천 원에서 5천 원 선이다. 매일 들르기엔 다소 부담스럽다. 또 오래 앉아 있어야 해서 추가 주문을 하면, 하루에 만 원도 금방 쓴다. 이 돈이 쌓이면 한 달에 수십만 원이다. 결코 만만하게 볼 금액은 아니다. 금전적으로 여유가 있지 않다면 공부를 위해 자주 방문하기는 쉽지 않다. 그러나 가끔 기분 전환이 필요할 때 찾기 좋다.

독학 재수 학원 vs 재수 종합 학원

가장 큰 차이점은 수업 방식이다. 이름 그대로 독학 재수 학원은 독학 위주로, 기본 스케줄에 수업이 포함되지 않는다. 따로 제공하는 경우에만 단과 수업을 선택적으로 수강할 수 있다. 그러나 학원별 수업 수준 격차가 크고, 원하는 과목의 수업이 없을 수도 있다. 단과를 듣지 않으면 하루 10시간을 자습만 하게 된다.

재수 종합 학원, 즉 종합반은 입시의 모든 과목의 수업을 종합적으로 제공한다. 학원에서 짠 스케줄대로 수업을 진행하게 되며, 보통 국어 = 수학 〉 영어 〉 탐구 〉 국사 순으로 수업 시수가 많다. 보통 오전에는 수업을 듣고 오후에는 자습을 하거나, 그 반대로 진행된다. 기본 스케줄에 수업이 포함되어 있어 따로 신경 쓸 필요 없이 수업을 따라가기만 하면 된다. 대체로 수업의 질이 양호한 편이다.

독학 재수 학원은 기본 자습에 원하면 단과를 추가하는 방식으로 스케줄 조정이 비교적 자유롭다. 그러니 다른 과목은 잘하는데 특정 과목만 부족한 사람이라면, 독학 재수 학원을 추천한다.

재수 종합 학원은 잘하는 과목도 의무적으로 들어야 하기 때문에 다소 답답하고 시간이 아깝다고 느낄 수 있다. 또 스스로의 공부 스타일을 잘 파악하고 있고 공부 경험이 많다면 독학 재수 학원에서도 뛰어난 성과를 올릴 수 있다.

그러나 본인이 공부해본 경험이 많지 않고, 스스로 부족한 점과 뛰어난 점을 명확히 파악하고 있지 못하다면 단연코 재수 종합 학원을 가는 것이 낫다. 학원에서 공부 방향과 스케줄, 모의고사 전략까지 세세하게 알려 주고, 공부법 상담도 자세하게 받을 수 있다. 또 분위기와 규칙이 엄격한 편이라 관리받는 느낌은 확실히 재수 종합 학원 쪽이 강하다.

분위기는 학원에 따라 다르지만, 대체로 재수 종합 학원이 더 엄격하다. (독학 재수 학원도 학원 방침이 매우 엄격한 곳도 있다. 이것은 직접 방문해 확인하는 것이 제일 정확하다.) 그러나 각자의 사정에 따라 독립적이고 개인적인 독재와는 다르게 재수 종합 학원에 오는 학생은 비슷한 상황의 입시생인 경우가 많아 친해지기 쉽다. 흔히 친목질이라 부르는데, 학생들 간의 친목이 과도해지면 반의 분위기가 시끄럽고 산만해진다.

공부는 원래 외롭고 힘든 일이다. 친구와 함께라면 버티기 쉬워도 공부에 방해가 될 수도 있다. 뭐든지 친구와 같이 해야 하는 사람이라면 재수 종합 학원은 추천하지 않는다.

학원 선택할 때 자신의 스타일을 고려할 필요가 있다. 그러나 분위기 타지 않고 자기 공부에만 집중할 자신이 있다면 어디든 분위기의 영향은 크지 않을 것이다.

어느 학원이든 학생들에게 양질의 콘텐츠(수업, 모의고사, 문제집, 입시 컨설팅 등 각종 자료와 정보를 모두 포함)를 제공하고자 노력한다. 하지만 콘텐츠를 만드는 힘은 역시 자본이기에, 규모 있는 학원일수록 다양한 콘텐츠를 제공할 확률이 높다. 나 역시 대형 재수 종합 학원에 다니며 그 차이를 직접 체감했다.

매달 혹은 격주 단위로 제공되는 고난도 사설 모의고사, 선생님이 직접 만든 킬러 문제집, 수많은 학원생의 데이터를 기반으로 한 성적 분석 서비스 등은 대규모 학원만이 제공할 수 있는 압도적 경쟁력이다. 아무래도 독학 재수 학원보다는 재수 종합 학원이, 또 그중에서도 규모가 큰 학원이 좋은 콘텐츠를 많이 제공할 확률이 압도적으로 높다.

그러나 그만큼 학원비가 비싸거나 입학 경쟁이 치열하다. 또 지나치게 많은 콘텐츠는 학생을 지치게 만들 수도 있으니 무조건적인 장점은 아니다. 그러니 전단지나 학원 홈페이지 등을 통해 미리 학원이 어떤 콘텐츠를 제공하는지 확인하고, 자신이 이를 다 소화할 수 있을지 따져 보는 것이 좋다.

학원 시설은 대체로 독학 재수 학원이 나은 편이다. 물론 이것도 학원마다 다르니 직접 확인하는 것이 제일 정확하다. 그러나 역사가 긴 대형 종합 학원일수록 건물이 오래되어 시설이 낡은 경우가 많다. 심하게는 수백 명이 생활하는 층에 화장실이 단 두 칸 있는 경우도 봤다. 또 교실 같은 방에 수십 명이 뭉쳐 생활하므로 책상도 작고 공간도 협소하다. 반면 독학 재수 학원은 새로 생긴 소규모 학원이 많아 시설이 깨끗하고, 개인별로 널찍한 독서실 책상을 제공하는 곳이 많다.

학원 시설은 되도록 직접 방문해서 직접 확인하자. 몇 달을 다니게 될 텐데 시설이 맘에 들지 않으면 만족도가 매우 떨어진다. 학원마다 차이가 있으니 등록 전에 직접 가서 시설과 화장실 상태를 점검하는 것이 좋다.

비용은 당연히 재수 종합 학원 쪽이 비싸다. 강사들의 수업료와 사설 모의고사 등의 콘텐츠 비용이 포함되어 있다고 생각하면 된다. 재수 종합 학원이 제공하는 서비스가 비용만큼의 가치가 있는지는 위의 수업, 분위기, 콘텐츠, 시설 등의 세부 사항을 따져 판단하면 된다. 이것저것 따져 보는 것도 중요하지만, 공부할 때 어디가 더 유리한가가 가장 큰 쟁점일 것이다.

종합해 보면, 공부가 익숙한 사람이라면 독학 재수 학원, 아직 공부가 뭔지 잘 모르는 사람이라면 재수 종합 학원을 추천한다. 스스로 공부할 수 있는 사람이라면 독학 재수 학원에서 자기 스타일대로 자유롭게 공부하는 게 더 좋은 결과를 낼 수 있다. 그러나 자기만의 공부법과 스타일을 찾기 전이라면 재수 종합 학원의 관리를 받는 게 효율적이다.

또 입시 막판에 대규모 데이터베이스의 도움을 받고 싶은 사람이라면 컨설팅 서비스만 따로 신청하는 것도 좋은 방법이다.

나는 기초를 다지는 초중반은 독학 재수 학원에서, 시험에 익숙해지고 실력을 끌어올리는 후반부는 재수 종합 학원에서 준비했다. 수시와 정시 지원은 재수 종합 학원의 도움을 받았으며 따로 정시 지원 사이트의 유료 서비스도 함께 이용했다.

공부는 환경이 반이다. 환경이 적합할 때 공부 효율은 배가 된다. 부디 모두가 각자에게 가장 유리한 장소를 찾아, 가능한 효율적으로 공부하길 바란다.

인강은 최고의 가성비 공부법

2020년엔 코로나바이러스감염증-19로 인해 많은 대학이 대면 강의 대신 온라인 강의를 택했다. 이 강의법은 실시간으로 진행되거나 교수님의 녹화 영상을 시청하는 방식으로, 코로나바이러스를 계기로 인터넷 강의가 수업의 보편적인 모습이 되었다.

녹화된 인강은 얼굴을 맞대는 현장 강의와는 다른 점이 많다. 재생 속도를 조절할 수 있고 반복 학습이 가능하며 필기할 때 일시 정지도 할 수 있다. 대부분 인강은 현장 학원 강의보다 훨씬 저렴하다. 생생한 현장감이나 선생님과의 소통은 현장 강의만은 못하지만, 인강은 강력한 장점이 많은 학습 방법이다.

또 커리큘럼을 다양하게 구성할 수 있고 원하는 선생님을 선택하기도 쉬워 독학을 위한 최고의 도구가 아닌가 싶다.

나 역시 의대를 준비하는 동안 인강 덕을 톡톡히 봤다. 특히 수능 관련 인강은 셀 수 없을 정도로 많고, 강의의 질도 무척 좋다. 그만큼 사이트와 강사 간의 경쟁이 치열하다. 더 좋은 질의 강의와 콘텐츠를 제공하기 위해 대형 인강 사이트들이 피 튀기는 경쟁을 한다. 따라서 시중에 나와 있는 웬만한 수능 인강은 믿고 봐도 될 정도로 수준이 높다.

나는 공부하는 동안 하루에 수능 인강을 7~8개씩 들은 것 같다. 매일 하루 10시간을 수학에 투자했는데, 이 중 약 6시간을 인강 시청, 나머지 4시간을 문제 풀이에 사용했다. 만약 내가 처음부터 학원에 다녔다면 하루 6시간씩 수학 강의만 듣기는 어려웠을 것이다. 또 내가 원하는 진도를 골라 듣기도 힘들다.

고등학교에서 2개월에 걸쳐 배울 내용을 단 이틀 만에 습득할 수 있었던 건 전적으로 인터넷 강의 덕분이었다. 1년 동안 수십 개의 인강을 완강했고, 한 시리즈당 대략 40~70강으로 이루어져 있으니 적어도 칠백 강 이상 들어 보았을 것이다. 이에 지긋지긋할 정도로 많은 인강을 듣는 동안 쌓아온 나름대로의 노하우를 나눠 보고자 한다.

1. 나와 맞는 선생님 찾기

인강을 고를 땐 무엇보다 나와 맞는, 좋은 선생님을 찾는 것이 중요하다. 커뮤니티에서 잘 가르치기로 유명한 강사라 할지라도 학습법이 나와 안 맞을 수 있다. 네이버 카페 등 관련 커뮤니티에서 정보를 적극적으로 찾되, 직접 샘플 강의를 들어 보고 결정하는 것을 추천한다. 소문난 강사들은 팬클럽이라 부를 정도로 두터운 팬층이 있고, 선생님을 보고 인강 사이트를 결정하는 경우도 흔하다. 강사의 브랜드 파워가 수강생들을 끌어들이는 핵심이기에 인강 기업들 역시 좋은 강사를 섭외하고자 노력한다.

인터넷 강의 자체에 익숙하지 않다면 대형 사이트를 참고하는 것이 좋다. 수능 관련 사이트로는 EBSi, 메가스터디, 대성마이맥, 이투스 등이 있다. 외국어 강의로는 시원스쿨 등이 유명하다. 이외에 각종 자격증, 금융, 회계 등 다양한 분야의 인터넷 강의가 존재하는데, 포털 사이트 검색을 통해 쉽게 찾을 수 있다.

또, 전국 수많은 학생을 위해 무료로 제공되는 인터넷 강의

사이트인 EBSi를 적극적으로 활용하는 것도 좋은 방법이다.

EBSi는 여러 과목의 기초를 다지고자 할 때 저렴한 가격의 교재비만 지불하고 수준급의 강의를 들을 수 있다. 세계사, 국사 등 역사를 배우고 싶거나 외국어 기초 강의를 저렴하게 듣고 싶을 때 EBSi의 수능특강 강의를 추천한다.

나도 일본어 독학을 위해 일본어 수능특강을 들은 적이 있다. 단, 고등학생을 대상으로 만드는 강의이기 때문에 강의의 초점이 원하는 방향과 다를 수 있다. 그럼에도 투자 비용이 거의 제로에 가깝기 때문에 가벼운 마음으로 시도해 볼 만하다.

2. 학습 계획 세우기

인강을 골랐다면 이번에는 학습 계획을 세울 차례다. 계획 없이도 잘할 자신이 있다고? 생각보다 40강 강의를 완강하는 건 결코 쉬운 일이 아니다. 한두 강 듣고 포기하는 사람이 적지 않다. 그러니 이왕 시작한 거 끝을 보고 싶다면 학습 계획을 짜고 이를 따라가길 권한다. 단, 나처럼 극단적인 학습량을 요구하는 케이스가 아니라면 하루에 너무 많은 강의를 듣지 않는 것이 좋다. 하루에 소화할 수 있는 분량도 한계가 있고 집중력도 떨어지기 때문이다. 이러다 보면 자칫하다 인강 자체가 지겹게 느껴져 학습을 포기하게 될 수 있다. 한 강의당 50분을 기준으로 직장인이라면 하루에 두 강, 시간을 많이 낼 수 있는 상황이라면 네 강 정도가 적당하다.

한 달 등 완강 시점을 정하고 이에 맞춰 강의 수를 배분하면 된다. 과목별로 듣는 요일을 정하는 것도 좋다. 또 예상치 못한 일로 계획한 강의를 다 듣지 못하게 될 수 있으니 계획은 여유 있게 짜고, 못 들은 강의를 보충할 수 있는 날을 확보해 두는 것이 좋다.

요즘엔 스마트폰을 이용한 플래너도 많다. 그러나 가급적이면 실물 노트 플래너를 사용할 것을 추천한다. 손으로 꾹꾹 계획을 눌러쓰고, 다 들은 강의 옆에 빨간 동그라미를 칠 때의 뿌듯함은 전자 자판보단 손맛이 낫다. 또 다 쓴 플래너는 성취의 흔적을 고스란히 담고 있어 볼 때마다 큰 성취감을 주기도 한다.

3. 인강으로 공부하기

강의도 골랐고 계획도 짰다면 이제 계획을 따라가기만 하면 된다. 이것이 가장 어려운 부분이다. 초반에는 의욕적으로 듣다가도 점점 인강 듣기가 싫어질 수 있다. 본인이 왜 이 강의를 들어야 하는지 플래너 앞쪽에 크게 쓰자.

누구나 그렇겠지만, 독학을 시작했을 땐 자기만의 목표나 이유가 있을 것이다. 그 이유를 잃지 말아야 끝까지 갈 수 있다.

당연한 얘기지만 인강을 들을 땐 강의에만 집중해야 한다. 아예 작업 표시줄에서 인터넷 버튼을 잠깐 삭제해 버리던가, 태블릿 PC를 이용해 인강을 들어라.

나는 학원이란 공개된 장소에서 선생님들의 감시(?)하에 들어서 딴짓을 할 걱정은 없었지만, 많은 사람들이 집에서 혼자 강의를 수강할 것이다. 딴짓하기가 정말 쉽다. 차라리 앞에 노트를 두고 필기를 하거나 낙서를 하면서 들어라. 손을 계속 움직이면 인터넷 서핑할 맘이 좀 덜해진다. 수업이 너무 재밌어서 딴짓을 안 하면 제일 좋고.

계획을 따라 차곡차곡 동그라미를 그리다 보면 어느새 완강에 도달한 자신을 발견하게 된다. 빨간 동그라미 가득한 플래너가 주는 만족감을 맛보고 나면 이 모든 고생을 할 만했다고 느낄 것이다.

인터넷 강의는 잘만 활용하면 최고의 공부법이 된다. 이 세상의 모든 독학러들이 최소의 투자로 최대 효율을 뽑아내는 효율적인 공부를 하기를 바란다.

오직 인강만, 디지털 드로잉, 2020

우리는 인강으로 편하고 자유롭게 공부할 수 있다.
인강은 진도를 조절할 수 있어 자기만의 커리큘럼을 구성할 수도 있다.
그러나 그만큼 딴짓을 하거나 집중하기가 어려워
굳은 의지가 필요하다.

노트 정리 노하우

내가 가장 좋아하고 모든 과목에 사용하는 '내 스타일 공부법'을 한 가지 꼽자면, 단연코 노트 정리다. 나는 중학교 때부터 암기 과목을 노트 정리로 공부했고, 복잡하고 어려운 의대 공부 역시 노트 정리로 해결한다. 노트 정리야말로 어찌 보면 내 공부법의 A to Z, 알파이자 오메가라 할 수 있다.

오랜 기간 공부하다 보니 나는 무슨 공부를 하든 무의식적으로 노트를 만드는 지경이 되었다. 수포자 미대생을 의대생으로 만들어 준 기적의(?) 노트 정리, 그 노하우를 소개한다.

1. 목차를 만들어라.

목차는 필수다. 공책 첫 장은 혹시 모르니 빈칸으로 놔두고, 둘째 장에 제목과 목차부터 쓴다. 목차는 지금부터 이 노트를 통해 공부하고자 하는 내용이 무엇인지 개괄적으로 파악할 수 있게 해준다. 목차는 큰 분류 → 작은 분류로 쓴다.

우선 맨 위에 가장 크게 과목을 적는다. 국어, 영어, 독일어, 회계, 주식 등 공부할 내용을 대표하는 가장 큰 분류다.

널찍하게 대단원을 표시한다. 밑에 소단원을 쓸 수 있도록 공간을 넉넉히 남긴다.

대단원 밑에 소단원을 쓰고, 옆에 작게 소단원에서 무엇을 다루는지 키워드 위주로 써 이 단원에서 무엇을 기억해야 하는지 바로 파악할 수 있게 한다.

무엇을 공부하는지 아는 것이 공부의 시작이다. 내용의 전반적 파악을 위해서 목차는 필수적이다. 노트 정리를 시작하기 전, 목차 작성을 통해 무엇을 공부하고자 하는지 확실히 파악하고 넘어가자.

2. 목차에 따라 내용을 구성하라.

예를 들어 첫 번째 소단원을 정리한다면, 노트 윗부분에 소단원이 속한 대단원과 중단원을 쓰고 그 밑에 소단원을 써 해당 장의 제목을 확실히 한다. 이것은 내가 어디를 공부하고 있는지 파악하기 위함이다.

소단원 내용 정리가 끝나면 목차를 따라 다음 소단원으로 넘어가라. 마치 책을 한 권 만든다는 느낌으로 접근하면 편하다.

3. 키워드 위주로 쓰되 필요한 부분만 부연 설명을 하라.

노트 정리는 교과서를 그대로 베끼는 것이 아니다. 이해할 수 있을 만큼의 설명을 쓰되 자기만의 언어로, 되도록 간결하게 써야 한다. 또 이해되지 않는 개념이 있으면 넘어가지 말고 해당 내용을 찾아본 후 필기해야 한다. 그래야 나중에 필기를 보면 이런 부분을 추가로 찾아본 내용까지 통째로 기억할 수 있다.

기록 자체는 간결하되 내용은 놓치는 것 없이 세세하게 하

라. 물론 처음에는 거의 교과서를 베끼는 수준일 수 있다. 그럼에도 간결하고 핵심적으로 쓰려고 노력하다 보면 자연스레 필기 실력이 늘 것이다.

4. 중요 개념에는 색 볼펜으로 표시하라.

단, 너무 많은 곳을 표시해 헷갈리는 일은 없도록 하자.

나는 한 노트에 사용할 색 볼펜을 세 가지 색으로 정해 놓고 색마다 사용 용도를 분류해서 썼다. 예를 들어 핵심 개념은 빨간색, 자주 헷갈리거나 이해가 잘 안 된 부분은 파란색, 이미 나왔거나 틀렸던 개념은 초록색으로 표시하는 식이다. 노트마다 사용하는 색 볼펜의 수를 정해 놓으면 정리하기 편하다.

5. 그림을 활용하라.

그림은 장기 기억을 위한 효과적인 도구다. 작게라도 직접 그림을 그리면 해당 개념을 이해하고 기억할 때 큰 도움이 된다. 그림 실력이 뛰어나지 않아도 상관없으니 그래프나 공식 등은 꼭 노트에 직접 그리자. 스크랩하는 것보다 직접 손으로 그려 기억하는 것이 훨씬 기억 효과가 크다. 또 노트 자체에 활력을 불어넣어 주니 적극적으로 활용하자.

나는 노트 정리를 통해 기본 개념 이해 + 1차 암기를 하고, 노트를 베껴 쓰거나 뒤에서 나올 빈칸 학습법으로 2~n차 암기를 한다. 어디까지나 노트 정리의 첫 번째 목적은 '이해'다. 적어도 이 노트에 정리한 내용은 100퍼센트 이해하겠다는 마음으로 임하자. 암기는 나중에 해도 괜찮다. 또 쓰면서 자연스럽게 외워지는 부분도 있다. 이를 이후 추가 공부를 통해 보충한다고 생각하면 된다.

공부법은 개인적이니만큼 내 노트 필기 방식이 맞는 사람도, 맞지 않는 사람도 있을 것이다. 또 시간 대비 효율이 꼭 좋은 방법이라고 하기도 어렵다. 모든 파트를 노트 정리하다 보면 시간이 오래 걸린다. 그럼에도 불구하고 개인적으로 큰 효과를 본 방법이니, 따라 해 보길 바란다. 따라 하다 보면 자기만의 요령이 생겨 노트를 두세 권 만들 때쯤엔 감을 잡고 자기만의 정리 노트 구성법을 만들 수 있을 것이다.

쓰고 또 쓰는 암기법

많은 영어 학원에서 단어 암기를 위해 A4 한 장을 꼼꼼하게 단어로 채우는 작업을 시킨다. 이렇게 글씨로 까맣게 가득한 종이를 가리켜 '깜지'라 한다. 쓰고 또 쓰는 암기법은 말 그대로 '깜지를 만드는 암기법'이다.

쓰고 또 쓰기. 많은 사람이 애용하는, 확실하고도 오래된 암기법이다. 너무 당연해서 굳이 말할 필요가 있나 싶기도 하지만, 오히려 예전에 깜지를 써본 경험으로 쓰는 것에 대해 거부감이 생긴 사람들이 있을까 봐, 혹은 귀찮아서 쓰기를 회피하는 사람들을 위해 이야기하려 한다.

손으로 쓴다는 건 작업 기억을 사용한다는 이야기이다. 현대 심리학에 따르면 우리의 기억은 장기 기억 – 작업 기억 – 단기 기억 모델을 통해 형성된다고 알려져 있다.

단기 기억에서 작업 기억으로 넘어가면서 우리 뇌에 해당 내용이 '암호화'되어 저장된다. 즉 쓰기는 뇌에서의 작업 기억을 활성화시켜 내용이 암호화되고, 장기 기억으로 저장되는 과정을 돕는다. 그래서 쓰는 행위는 암기할 때 가장 기본적이고 효과적인 도구가 된다. 그럼 무엇을 쓰느냐. 당연히 외우고자 하는 내용을 반복해서 쓰면 된다.

나는 공부할 때 앞에서 말한 노트 정리하면서 공부할 내용을 또는 공부했던 내용을 쓰고 또 쓰며 외운다.

특히 쓰기는 벼락치기에 효과적이다. 외울 내용을 반복해서 쓰다 보면 어느 순간 머리에 들어간다. 억지로 욱여넣는 것 같긴 해도 효과가 있다.

암기에 자신이 없고, 개념을 어떻게 외워야 할지 모르겠다면, 일단 써 보자. 단순무식하지만 효과는 확실하다. 쓰고 또 쓰다 보면 외워진다.

3일 반복 암기법

영어 단어처럼 이해보단 암기를 요하는 내용은 한두 번 본다고 해서 완전히 내 것이 되지 않는다. 반복해서 봐야 한다.

3일 반복 암기법은 암기를 위한 반복을 가능한 효율적으로 하기 위한 노하우다. 이 공부법은 날짜별로 공부할 분량을 정해 놓고 3일 단위로 반복하면 된다.

즉, 하루에 3일치 내용을 반복한다. 첫날은 1일 차, 둘째 날은 1, 2일 차, 셋째 날은 1, 2, 3일 차, 넷째 날은 2, 3, 4일 차, 다섯째 날은 3, 4, 5일 차. 이렇게 하면 하루치 내용을 총 3번,

하루 간격으로 반복하게 된다. 이렇게 하면 하루에 당일 분량을 공부하는 것보다 훨씬 확실하게 내용을 외울 수 있다.

3일 반복 암기법은 다른 과목에도 응용할 수 있다. 본인이 공부량을 소화할 수만 있다면 하루에 4일이나 5일치를 봐도 좋다. 극단적으로는 하루에 그전까지 공부했던 모든 분량을 전부 복습하는 방법도 있다.

나는 고3 때 국사 암기를 위해 첫째 날은 1일 차, 둘째 날은 1, 2일 차, 셋째 날은 1, 2, 3일 차, 넷째 날은 1, 2, 3, 4일 차… 식으로, 40일 차엔 1일 차부터 39일 차까지의 모든 내용을 복습하고 40일 차 공부를 시작했다. 물론 이렇게 하면 시간이 오래 걸리므로 적당한 수준에서 타협이 필요하다.

내가 이 공부법을 해 보니 한 번에 할 때 3일치가 가장 적절하게 느껴졌다. 효율적인 복습 방법이나 공부 분량은 사람마다 다르므로, 스스로 이것저것 시도하며 자기에게 알맞은 방법을 찾아보자. 만약 그럴 시간이 없거나 귀찮다면 3일 단위로 반복하는 것을 추천한다.

빈칸 채우기 암기법

준비물

정리본, 복사기(또는 프린터), 수정액, 스테이플러, 종이, 색 볼펜

1. 노트 정리한 것, 요약집 등 정리본을 준비한다.

   (노트 정리 노하우는 190~193p 참조)

2. 암기하려는 부분을 복사하거나 프린트한다. (컬러 추천)
3. 군데군데 수정액으로 내용을 지워 빈칸을 만든다. 이때

중요 개념어나 암기해야 하는 숫자 위주로 지운다.

4. 빈칸을 만든 복사본을 한 번에 볼 분량만큼씩 나눈다.
5. 나눈 분량을 스테이플러로 묶는다.
6. 복사본을 빈칸 노트라 명명한다.

자, 준비가 끝났다. 복습은 어떻게 하면 좋을까?

1. 빈칸 노트를 읽으며 빈칸을 머릿속으로 채운다.
2. 머릿속으로 빈칸 채우기를 매일 1회씩 반복한다.
3. 반복해도 잘 외워지지 않는 빈칸은 색 볼펜으로 표시한다.
4. 여러 번 봐도 모르는 부분만 답을 확인한다.

이 방법 역시 내가 과학 개념 암기할 때 썼던 방법이다. 예를 들어 연습장 한 권 분량의 생명과학 노트가 있으면, 암기하려는 부분을 전부 복사한다. (나는 노트 한 권을 그대로 복사했다.)

복사 후 노트를 읽으며 중요한 단어, 개념어, 외워야 하는 숫자 등에 수정액으로 빈칸을 만든다. 이후 한 번에 볼 분량만큼 묶는다. 한 권을 통째로 묶어도 좋고, 단원별로 나누어도 좋다.

나는 대단원별로 나누어 총 4묶음으로 편집했다. 그랬더니 한 묶음의 두께가 되었다.

이때 한 번에 볼 분량이란, 말 그대로 공부를 시작한 그 자리에서 다 볼 수 있을 만큼을 뜻한다. 중간에 쉬거나 다음 날로 미뤄선 안 된다. 대단원 하나가 많으면 소단원 단위로 묶어도 좋다. 단, 그날 한 묶음을 보기로 했으면 그 묶음은 무조건 그날 다 봐야 한다.

이 암기법의 장점은 계속 복습이 가능하다는 점이다. 빈칸을 손이 아닌 눈으로 채우기 때문에 한 번 빈칸 노트를 만들어 놓으면 몇 번이고 사용할 수 있다. 게다가 자신이 직접 정리한 정리본을 외우기 때문에 자신이 이해한 대로의 개념을 그대로 흡수할 수 있다. 또, 눈으로 훑으며 이미지로 외울 수 있어 나중에 개념어를 복기할 때 그 단어가 있던 맥락 채로 생각해낼 수 있다.

또 쓰는 암기법에 비해 시간이 줄어든다. 물론 처음에야 두꺼운 종이 뭉치에 놀랄 수 있지만 똑같은 내용을 보고 또 볼 수 있기 때문에 며칠만 반복해도 한 분량을 보는 시간이 줄어들게 된다.

나도 처음엔 생명과학 대단원 한 뭉치를 보는 데 30분이 걸

렸지만, 나중에는 10분 정도면 충분했다. 약 30~40분이면 한 과목의 개념을 통째로 복습한 셈이다.

빈칸 채우기 공부법은 쉽고 빠른 반복으로 복습량을 쌓아 개념을 각인시키는 방법이다. 이 공부법은 자주 해야 효과가 있으니 초반에는 매일 보는 걸 추천한다. 그러다 짧은 시간에 한 페이지를 보고 넘길 수 속도가 되면 빈도를 줄이면 된다. 후반에는 개념 복기 수준으로 주 1회만 봐도 충분하다.

나는 모든 암기 과목을 공부할 때 빈칸 채우기 공부법을 적용해 그 효과를 톡톡히 봤다. 고3 때는 국사와 세계사, 다시 수능을 준비할 때는 생명과학 Ⅰ, 화학 Ⅰ, 지구과학 Ⅰ 개념 파트에 사용했다. 횟수를 반복하다 보니 나중엔 한 페이지를 2초면 훑고 넘기는 수준이 됐다. 문제를 보면 해당 개념이 있던 페이지가 통째로 생각났다.

노트 정리는 다 했지만 어떻게 암기하면 좋을지 막막하다면 빈칸 채우기 공부법을 이용해보자. 쉽고 빠른 반복 학습을 도와줄 것이다.

스토리텔링 암기법

암기의 기본은 이해다. 이해가 되지 않아도 달달 외우는 방법보다 암기하려는 내용의 기반과 이유를 하나의 스토리로 이해하고 있으면, 외우기도 훨씬 수월하고 응용도 할 수 있다. 그러니 어렵더라도 가능한 내용을 이해하고, 하나의 흐름, 즉 스토리로 외우는 것이 좋다.

스토리란 시간 순서대로의 사건 진행, 혹은 이야기를 의미한다. 단순한 사실들을 나열하는 것보다 정보가 서로 연결되어 이야기를 만들 때 훨씬 더 오래 기억된다. 예를 들어 세계사 과목에서 절대 왕정 시대 군주들을 암기한다고 해 보자.

영국의 엘리자베스 1세와 스페인의 펠리페 2세 사이의 관계를 알면, '영국 : 엘리자베스 1세, 스페인: 펠리페 2세'라고 사실만 외우는 것보다 훨씬 기억에 오래 남을 것이다.
펠리페 2세는 엘리자베스 여왕의 이복 누이인 메리 튜더와 결혼했다. 메리의 사망 후 엘리자베스에게 청혼하지만 거절당했다. 이후 스페인과 영국 간은 해상 무역의 주도권을 차지하기 위한 함대전을 끊임없이 벌인다. 이때 등장하는 것이 스페인의 무적함대와 영국의 무적함대다.

이렇게 이야기로 외우면 기억도 더 잘 날 뿐 아니라 세부적인 사항까지 함께 파악할 수 있다.

단어 암기에도 스토리를 적용하면 좋다. 단어만 개별적으로 외우지 않고 단어를 포함한 예문을 통째로 외우는 식이다. 예를 들어, demeanor(품행)과 unacceptable(용납할 수 없는, 끔찍한) 두 단어를 외운다고 해 보자. 이때 단어를 따로 외우는 것보다 'He's demeanor is totally unacceptable(그의 품행은 전혀 용납할 수 없다.)'처럼 스토리가 있는 문장을 만들어 외우는 게 좋다.

또 하나의 예로, grin(씩 웃다)은 'She grinned like a Cheshire

cat(그녀는 체셔 고양이처럼 씩 웃었다.)'의 예문으로 외울 수 있다. 단순히 '씩 웃다'라고 외울 때보다 문장을 만들면 단어의 뉘앙스가 더 잘 드러난다. 단어를 이야기로 외우면 세세한 뉘앙스까지 이해하기도 좋다.

스토리, 즉 예문을 만들 땐 간결하되 단어의 뉘앙스를 전달할 수 있게 만든다. 되도록이면 단순한 형태의 문장이 좋다.

다음 몇 가지 단어로 뉘앙스가 담긴 예문을 만드는 연습을 해 보자. 예시 문장을 아래에 달아두었으니 각자의 취향대로 만들면 된다. (나는 개인적으로 발음이 멋진 문장을 좋아한다. 입에서 혀가 굴러가는 느낌이 좋다.)

예문 만들기 (예시)

① ridiculous(웃기는, 터무니없는) : ____________________

② complimentary(공짜의) : ____________________

③ Intensive(집중적인, 집약적인) : ____________________

④ Intense(강렬한, 열정적인) : ____________________

⑤ horrendous(끔찍한, 참혹한) : ____________________

That joke is just ridiculous.

The hotel provides complimentary breakfast.

The intensive training course was very intense.

His fashion sense is horrendous.

효율적으로 스터디 플래너 활용하기

당신은 무언가를 시작하기 전 완벽하게 계획을 짜는 타입인가, 일단 실행하면서 계획을 짜는 타입인가?

스터디 플래너의 효율적 활용을 위해서는 두 가지 전략 모두 필요하다. 가능한 능률적으로 계획을 수립하되 필요하다면 기꺼이 수정하는 유연성도 가져야 한다.

다음은 내가 직접 1년 동안 스터디 플래너를 운용하며 습득한 노하우들이다. 바로 적용 가능한 실용적인 팁만을 전달하려 노력했으니 당신에게도 도움이 되길 바란다.

1. 달력 면과 체크리스트 면으로 나누어 활용하라.
(달력 면은 월 단위 계획, 체크리스트 면은 일일 단위 계획)

시중에 다양한 형태의 스터디 플래너가 있다. 개인적으로 앞쪽에 달력이 있고 뒤쪽에 체크리스트가 있는 구성의 플래너를 선호한다.

앞쪽의 달력 면은 월 단위 계획, 뒤쪽의 리스트는 하루 단위 계획으로 나누어 활용하기 좋다. 월 단위 계획에는 인강 수강 일정, 모의고사, 학원 등 큼직한 일정을 적는다.

하루 단위 계획에는 그날 들을 인강, 모의고사와 학원은 물론이고 문제집 몇 페이지 풀기, 노트 단원 몇 단원 등 세세한 계획까지 작성한다. 두 면 모두 완료한 항목 옆에는 색 볼펜으로 표시한다. 이렇게 하면 달력 면에서는 전반적인 공부 상황을 파악할 수 있고, 체크리스트 면에서는 하루의 일정을 꼼꼼하게 확인할 수 있다.

2. 인강은 수강 신청과 동시에 완강까지 계획하라.

인강은 강의당 보통 40~50강으로 이루어져 있다. 수강 신청과 동시에 이들을 몇 주에 걸쳐 들을 계획인지, 하루당 몇 강을 무슨 요일에 어떻게 나누어 들을 건지 계획해 달력 면에 표시하라. 이때 개인의 상황에 맞게 속도를 조절하되 한 강의는 최대 2개월 안에 완강하는 것이 좋다.

인강을 너무 오랫동안 들으면 앞부분 내용을 잊어버리거나 진도가 밀리기 쉽다. 인터넷 강의는 반드시 스터디 플래너에 수강 계획을 시각화해 표시해야 한다. 계획 없이 듣다가는 시간만 한없이 늘어질 수 있다.

3. 밀린 계획을 정리할 여유 시간을 확보하라.

공부 계획을 짤 때는 미래의 나를 과신해서는 안 된다. 절대 무리하지 말고 여유 있게 계획을 세워야 한다. 또 수많은 변수로 인해 원래 짜뒀던 계획을 다 이행하지 못할 수 있으니, 주말이나 공휴일 등을 이용해 밀린 계획을 정리할 시간을 확보하는 것이 좋다.

여유 시간은 주 단위로 잡는 것이 좋다. 매주 계획을 정산해야 공부 밀리는 양이 눈덩이처럼 커지는 것을 막을 수 있기 때문이다.

공부는 한번 밀리기 시작하면 돌이키기 어렵다. 계획 단계에서 여유 시간을 확보해 두고 못다 한 계획을 미리 청산한다.

4. 뒷부분은 메모장으로 활용하라.

스터디 플래너 뒷부분에 메모를 위한 공간이 따로 마련되어 있다면 그대로 이용하면 되지만, 공간이 없더라도 일부 페이지를 할애해 메모장을 만들자. 메모장에는 그날의 기분, 감정, 기억할 만한 사건 등을 자유롭게 기입하면 된다. 공부에 관련된 메모도 좋다. 기발한 아이디어를 메모할 수도 있고 일기장처럼 활용할 수도 있다. 이렇게 하면 내가 무엇을 얼마만큼 공부했는지 뿐만 아니라 그날 무슨 일이 있었는지, 어떤 생각을 했는지까지 알 수 있다. 나중에는 스터디 플래너 한 권이 고스란히 당신 삶의 기록이 된다.

5. 시험 점수를 달력 면에 표시해 공부 상황을 점검하라.

앞에서 달력 면과 체크리스트 면을 나누어 활용하라는 이야기를 했었다. 이때 달력 면에 모든 모의시험 일정과 시험을 표기하면 좋다. 날짜와 점수, 등수나 등급까지 함께 적는다.

이렇게 하면 달력 면만을 보며 내 실력의 변동을 한눈에 볼 수 있다. 어떤 과목의 성적이 얼마나 향상했고, 어떤 과목은 얼마나 부진한지 파악하기 쉽다. 스터디 플래너를 잘 활용하면 앞길을 비춰주는 든든한 지원군이 될 것이다. 공부를 시작하려 해본다면 마음에 쏙 드는 노트를 준비해서 스터디 플래너로 꾸며 보자. 계획 단계부터 즐거워질 것이다.

스터디 플래너는 보다 성공적인 공부를 위한 도구다. 잘 이용하면 더 짜임새 있게, 효율적으로 공부를 돕고, 계획을 시각화함으로써 의지가 약해지는 걸 막을 수 있다.

절대적 공부량을 이길 순 없다

남들보다 준비 기간이 훨씬 짧으면서 오로지 공부만으로 의대에 합격한 내가 이런 이야기를 하는 게 모순적일 수 있다. 평범한 고등학교 학생이 3년 동안 배우는 과정을 1년 안에 압축해 공부하고 상당한 수준까지 실력을 끌어올렸다. 언뜻 보기에 거짓 같지만, 정말 공부량이 입시를 결정한다면 이런 일은 불가능할 것이다.

내가 말하고자 하는 절대적 공부량은 학교에 다닌 기간을 의미하거나 학원 문제를 푼 시간이나 독서실 앞에 억지로 앉아 있는 시간을 말하는 것이 아니다.

공부량이란, 온 정신을 집중해 공부에 '몰입'한 시간만을 이르는 말이다. 그러니 절대적 공부량을 이길 수 없다는 건 공부에 진정으로 몰입한 시간이 중요하다는 뜻이다. 내 눈앞의 지문 또는 문제에 완전히 정신을 빼앗긴 상태. 무아지경의 몰입. 그 시간만이 절대적 공부량으로 취급될 수 있다.

몇 년 동안 공부했느냐보다 얼마나 몰입했냐가 중요하다. 끈질기고 꾸준한 몰입은 강력하다. 몰입한 시간의 '절대량'이 쌓이면 누구도 따라올 수 없는 절대적 실력이 태어난다. 그러니 제대로 공부하려는 당신이 쌓아야 하는 건 공부량이 아닌 '절대적 공부량'이다.

절대적 공부량의 진정한 힘은 추월에 있다. 매일 8시간씩 학원에 있어도 진짜 공부량은 3시간일 수도 있다. 이렇게 학원에서 많은 시간을 보내느니 차라리 독서실에서 4시간을 확실하게 공부하는 것이 낫다. 이 1시간의 차이가 모이면 돌이킬 수 없는 격차가 생긴다. 4시간 공부하는 사람이 8시간 앉아 있는 사람을 추월한다. 이것이 바로 '절대적 공부량의 기적'이다.

하루에 단 한 시간이라도 절대적 몰입이 가능하다면 추월의 가능성이 있다. 한 시간이라도 좋다. 이 한 시간을 온전히 당신의 목적에 쏟아라.

어떻게 몰입하는가?

몰입이 익숙한 사람들은 순식간에 몰입 상태로 진입하는 자기만의 노하우가 있다. 습관이 되면 자리에 앉자마자 자동으로 몰입 모드가 켜진다. 자연스럽게 몰입에 돌입하는 환경을 조건화해야 한다. 자리에 앉기, 즉 업무 시작 그 자체를 조건으로 만들 수 있다면 가장 좋겠지만, 처음부터 그렇게 하기는 쉽지 않다. 그러니 평소에 계획이나 마감, 작업 환경 등을 이용해 몰입을 위한 최적의 조건을 만들어야 한다.

아래는 몰입할 때 도움 되는 것들이다.

음악 듣기 : 호불호가 갈리는 방법이다. 적당한 소음은 집중력을 향상시키지만, 음악을 들으면 오히려 집중이 안 된다는 사람도 많다. 노래에 정신이 팔리지 않도록 영화나 게임의 가사 없는 OST나 가사를 알아들을 수 없는 외국어 노래를 듣는 것이 좋다. 또 유튜브에서 쉽게 찾을 수 있는 ASMR도 도움이 된다.

마감 시간 정하기 : 인간은 미루기에 적합한 동물이어서 마감이 닥칠 때까지 미루는 속성이 있다. 아직 시간적 여유가 있다는 감각은 몰입마저 미루게 한다.

지금 하는 일에 마감 기한을 도입해 보라. 지금 당장 집중해서 끝내지 않으면 마감을 지키지 못한다는 다급함을 만들라. 마감

기한은 다소의 조급함과 긴장감이 몰입을 돕는다. 벼락치기가 때론 기적과 같은 성과를 내는 것도 이런 다급함이 몰입, 즉 절대적 공부량을 만들어냈기 때문이다.

빽빽한 계획 짜기 : 마감 시간 정하기와 같은 원리다. 계획을 지키기 위한 약간의 조급함이 몰입을 도울 수 있다.

혼자 공부하기 : 협동은 대체로 효과적인 접근법이지만, 공부는 예외다. 공부하고 싶다면 외롭고 고독하게, 치열하게 혼자가 되어야 한다. 독서실에 가도 혼자 가라. 함께 온 친구가 밥 먹으러 가자고 당신 어깨를 쿡쿡 찔러 황홀한 몰입 상태를 깨뜨려 버리지 않도록. 몰입을 방해하는 요소를 최대한 제거해야 한다. 혼자가 되는 것이 그 첫걸음이다.

유혹 제거하기 : 휴대폰을 멀리하라. 전원을 끄거나 무음 모드로 바꿔라. 아예 집에 놓고 나오는 것도 방법이다. 컴퓨터 앞에도 앉지 말라. 당신이 지금 당장 손댈 수 있는 건 공부, 즉 펜과 노트뿐이어야 한다. 필요하다면 장소를 바꿔서라도 공부만 할 수 있는 환경을 만드는 것도 중요하다.

결국, 절대적 공부량이란 '몰입'과 동의어라 할 수 있겠다. '절대적 공부량을 이길 수 없다'는 '몰입하는 시간을 이길 수 없다'로 치환할 수 있다.

몰입하라. 몰입의 시간을 쌓아 놀라운 추월을 경험하라. 그러면 무엇이든 할 수 있다는 자신감을 얻게 될 것이다.

몰입에 대해 더 자세히 알아보고 싶다면 미하이 칙센트미하이(Mihaly Csikszentmihalyi)의 《몰입의 즐거움》을 읽어 보길 권한다. 원제는 'Finding Flow'로, 삶이 고조되는 순간, 흐름과 하나 되는 느낌을 몰입(flow)이라 정의하며 삶을 변화시키는 몰입의 놀라운 효과를 소개한다. 상당히 오래전에 출간된 자기계발의 고전으로 날카로우면서도 실용적인 통찰을 제공한다.

에빙하우스 망각곡선 - 완벽보다 반복

헤르만 에빙하우스(Hermann Ebbinghaus)는 19세기에 활동했던 독일의 심리학자다. 그는 기억에 대한 실험을 통해 우리의 기억이 어떻게 '망각'되는지를 그래프로 나타냈는데, 이것이 그 유명한 에빙하우스의 망각곡선(Ebbinghaus Forgetting Curve)이다.

옆의 그래프에서 보다시피 우리는 무언가를 익힌 지 1시간만 지나도 절반 이상을 잊어버리고 만다. 인간은 참으로 망각의 동물이다. 그러나 아무리 시간이 지나도 20퍼센트가량은

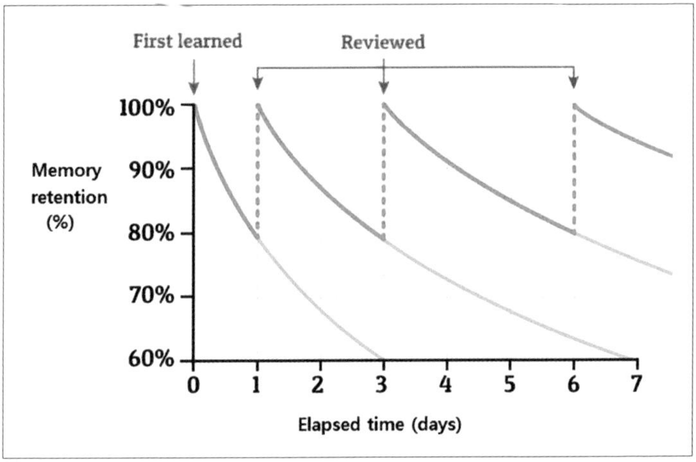

남게 된다. 이 20퍼센트만 장기 기억이 되어 우리 머릿속에 저장되는 것이다.

하지만 시험공부하는 사람이라면 20퍼센트로 만족할 리가 없다. 망각을 극복하려면 어떻게 해야 하는가? 에빙하우스는 다행히 그 답도 내려 주었다. 답은 '반복'이다.

위 그래프를 보면 복습을 할 때마다 기억의 망각이 느려진다. 이 반복 효과는 중첩이 되기 때문에 충분한 복습량이 쌓이면 공부량의 대부분을 장기 기억으로 가져갈 수 있다. 우리는 바로 이러한 상태를 추구해야 한다.

나는 다른 것에는 완벽주의자이지만, 공부에는 완벽주의를 적용하지 않는다. 완벽보다 반복이 훨씬 효율적이기 때문이다. 에빙하우스의 이론이 증명하듯 한 과목을 일주일에 걸쳐 꼼꼼히, 완벽하게 한 번 보는 것보다 대충 여러 번 보는 것이 장기 기억 형성에 훨씬 유리하다.

물론 처음에는 세세한 개념까지 보고 넘어갈 필요가 있다. 그러나 매번 복습을 완벽하게 하려면 시간이 너무 오래 걸린다. 시간이 길어지면 당연히 반복 가능한 횟수는 줄어든다. 이는 반복의 중첩이 쌓이는 걸 방해한다.

혹시나 당신이 완고한 완벽주의자라서 대충 읽기는 불안하다면, 다음 방법대로 해 보는 건 어떨까. 한 번만이라도 완벽하게 공부하라. 얼마든지 시간을 들여도 좋다. 아주 작고 세부적인 내용까지 체크한다. 그러나 딱 한 번 만이다. 그다음부터는 최대한 빨리, 여러 번 훑어보는 복습법을 취한다. 복습이 중첩되어 망각을 극복할 수 있도록 말이다. 나 역시 완벽주의를 완전히 포기할 수는 없어서 이런 방식을 따른다. 첫 번째는 꼼꼼히 보되, 다음부터는 반복을 추구한다.

항상 기억하자. 우리는 똑똑하게 공부해야 한다. 같은 시간이라도 사람에 따라 무한히 길기도, 한없이 짧기도 하다. 누구에게나 정해진 시간은 같다. 이 정해진 시간을 최대한 효율적으로 활용하자.

집중하는 시간 알아보기 -스톱워치 활용법

요즘 나온 스톱워치엔 다양한 기능이 많다. 날짜와 요일까지 나오는 시계는 기본이고 알람에 타이머 기능인 카운트다운, 스타트 버튼을 누른 시간부터 스탑 버튼을 누른 시간까지를 재는 카운트 업까지 있다. 이 중 카운트다운 기능은 시험시간을 잴 때 많이 쓴다. 카운트 업 기능은 많이들 사용하지 않는 것 같다. 그러나 카운트 업 기능이야말로 공부 생활의 핵심이다. 하루 공부량을 재기에 최적화되어 있다.

앞서 절대적 공부량 파트에서 몰입하는 시간이 중요하다고 말한 적이 있다. 스톱워치는 이 몰입의 시간, 즉 절대적 공부량을 측정하는 데 사용한다.

사용법은 쉽다. 집중하기 시작할 때 카운트 업 버튼을 누르고, 집중력이 끊길 때마다 일시 정지를 누른다. 하품을 하거나 잠시 눈을 붙일 때 등 휴식이 끝난 후엔 다시 카운트 업을 누른다. 이렇게 카운트 업 기능을 이용하면 진짜 공부량만을 측정할 수 있다.

공부량 측정은 셀프 피드백을 하기 위함이다. 얼마나 공부에 몰입하고 있는지를 측정함으로써 스스로 공부 습관을 점검하고 상황을 파악할 수 있다. 또 플래너에 매일 공부량을 기록해 그 추이를 보기 쉽게 나타낼 수 있다.

예를 들어 12시간을 독서실에 있었는데 카운트 업이 6시간뿐이라면 공부 습관을 수정하는 것이 좋다. 반대로 10시간이 측정되었다면 충분히 집중을 잘하고 있다고 할 수 있다.

카운트 업으로 하루 공부량을 측정했다면 꼭 그 시간을 플래너에 기록하자. 매일 공부 시간 변화를 한 눈에 볼 수 있다.

다음으로 카운트다운 기능.

이것은 이미 많이 활용하고 있을 것이다. 문제를 풀 때나 모의고사를 치를 때 꼭 시간을 정해 놓고 풀기를 권한다. 시간

관리 또한 중요한 문제 풀이 스킬이다. 실전 대비를 위해 평소에도 스톱워치 카운트다운 기능을 사용하면 좋다. 실전이 가까워지면 실제 시험 시간보다 더 짧게 타이머를 설정하는 것도 좋은 방법이다. 실제 시간보다 빨리 푸는 것에 익숙해지면 실전에서 여유 시간을 확보할 수 있다.

수험생이라면 스톱워치와 친해지자. 시간 관리는 공부의 핵심이다. 스톱워치의 카운트 업 기능으로 공부량을 파악하면 스스로의 공부 상황을 점검하고 피드백하는 습관을 들일 수 있을 것이다.

스톱워치, 디지털 드로잉, 2020

시간 관리는 공부의 핵심이다.
시험을 정해진 시간 동안 보는 것도 중요하지만,
자신이 어느 과목에 얼마만큼의 시간을 쏟고 있는지도 점검해야 한다.
높은 목표를 세우고 공부할수록
주어진 시간을 적재적소에 써야 한다.

잘 쉬는 것도 전략이다

나는 게임을 참 좋아한다. 초등학교 때부터 RPG(롤 플레잉) 게임을 했고, 고등학생 때는 게임을 잘하는 것이 공부를 잘하는 비결이라고 망언(?)을 내뱉고 다니기도 했다. 한때는 꿈이 게임 원화가일 정도로 게임과 함께 살아왔다. 그러나 게임이 공부에 방해가 된 적은 한 번도 없었다. 오히려 도움이 됐다. 왜일까? 집중과 몰입을 하기 위해서는 그만큼 마음의 여유가 필요하기 때문이다.

우리는 항상 날카로운 집중만 할 수는 없다. 오히려 적절한 휴식, 즉 심신의 여유가 있어야 집중해야 할 때 바로 집중 모드로 돌입할 수 있다. 우리 뇌의 피로를 풀어 줘야 한다. 정신은 의지만 다진다고 무한 집중이 가능한 기계가 아니다. 가끔 휴식도 필요하다.

그렇다고 해서 쉬기만 하면 안 된다. 특히 게임은 중독성이 높고 자꾸 생각나니 일상을 방해할 확률이 높다. 게임을 하란 얘기가 아니다. 단지 공부든 업무든 밀도 높은 삶을 살고 있다면, 그 밀도를 유지하기 위해 휴식도 필요하단 얘기다. 마음을 자원이라고 생각해 보라. 자원을 썼으면 충전해야 한다.

자투리 시간은 자원 충전을 위한 최고의 기회다. 버스나 지하철의 이동 시간, 밥 먹고 남은 식사 시간 등의 자투리 시간을 이용해라. 집 가는 버스에서 흔들리는 와중에 문제 푼다고 낑낑대지 말고 눈 감고 쉬어라. 쉰다고 죄책감 느낄 필요는 없다. 지금의 휴식은 몰입을 위한 추진력을 얻기 위함이니까.

자투리 시간에 책을 읽거나 영어 지문을 듣는 등 효율적으로 활용하는 것도 나쁘지 않다. 단지 명심해야 할 것은, 우리 마음의 자원은 한정되어 있다는 것이다. 지치지 마라. 지칠 것 같으면 쉬어라. 잘 쉬는 것도 전략이다.

예상 문제를 만들고 답하기

혹자는 가장 효과적인 복습법으로 남에게 가르치는 방법을 꼽는다. 비슷한 방법으로 직접 예상 문제를 만들어 보는 것이 있다. 이는 객관식보다는 논술 유형에 특히 적합하다. 단답형이나 서술형 답안을 요구하는 문제라면 예상 문제를 만들어 보는 것이 좋다. 그러나 처음에는 문제를 만들어 본 경험이 없으니 문제집을 참고한다. 익숙해지면 학습한 개념으로 직접 문제를 설계해 본다.

이렇게 직접 문제를 만들어 보면 이미 나와 있는 문제를 풀

때보다 이해도를 확실하게 체크할 수 있다. 완전히 알지 못하는 것에 대해서는 제대로 이야기할 수 없기 때문이다. 단, 문제를 만들었으면 그 모범 답안까지 가능한 한 완벽하게 답해야 한다. 그래야 이 개념을 확실히 알고 있는지를 체크할 수 있다. 또, 실제 시험이 아니므로 깔끔하게 답하기보다는 최대한 세세한 것까지 답하는 게 좋다. 세부적인 연관 개념까지 함께 복습할 수 있도록 한다.

예상 문제와 모범 답안을 만들었으면 둘 다를 외워 보자. 단순히 개념을 달달 외우는 것보다 재미있고 또 확실하다. 직접 만든 문제기 때문에 기억에도 잘 남는다. 물론 실제 시험에서 똑같은 문제가 나올 확률은 매우 낮지만, 출제 의도를 파악하는 데에도 유리하다.

정리하면 다음과 같다.

예상 문제를 만들 때 :	① 출제자의 입장에서 생각할 것
	② 묻고자 하는 요점을 확실히 할 것
예상 문제에 답할 때 :	① 질문한 개념을 정확하게 서술할 것
	② 연관된 세부 개념까지 함께 서술할 것

이 복습법의 목적은 개념의 완벽한 이해와 암기에 있다. 스스로 출제자와 시험자가 되어 공부해 보자. 아마도 평소에는 보지 못했던 시야를 발견하게 될 것이다.

좋은 스승은 최고의 지원군

19세기 스위스의 철학자 헨리 프레데리크 아미엘(Henri Frédéric Amiel)은 스승에 대해 “어려운 일을 쉽게 만들 수 있는 사람이 교육자이다”라 말했다. 공부에 지름길은 없지만, 더 효율적인 방법은 존재한다.

좋은 선생님은 학습자가 빠르고 효율적인 방식으로 공부하게 한다. 혼자 공부하는 게 자신 있는 사람도 있겠지만 좋은 선생님과 함께라면 학습 효율을 크게 끌어올릴 수 있다.

스승이라고 해서 학교 선생님만을 뜻하는 것은 아니다. 인강 강사, 과외 선생님, 학원 담임 선생님 혹은 옆자리 친구도 좋은 스승이 될 수 있다. 나 역시 다시 입시를 준비하는 동안 주변인으로부터 많은 것을 배웠다. 그중 가장 큰 영향을 받은 '스승님'을 꼽자면 단연 과외 선생님이다.

수능 전 해 10월에 공부를 시작해서 약 2월까지 인터넷 강의만 보며 독학을 했다. 그러다 수학 과외의 필요성을 느껴 과외 선생님을 찾던 중 운 좋게 부모님 지인을 통해 과외 선생님을 만나게 됐다. 그때부터 내 수학이 일취월장으로 늘기 시작했다. 과외 선생님이 내주신 '숙제량'이 내가 하던 분량의 약 4배였다. 혼자 계속 공부했다면 시도해 보지 못했을 복습량이었다.

선생님은 한 단원 진도를 나갈 때마다 총 5권 문제집으로 복습을 하게 하셨다. 게다가 가끔 내킬 때 보던 모의고사도 매주 보도록 계획을 짜 주셨다. 내가 얼마나 막무가내로 수학 공부를 하고 있었는지가 그제야 보였다.

알다시피 모든 선생님이 스승님이 되는 것은 아니다. 아무리 유명한 강사라도 자신과는 맞지 않을 수 있다. 자신의 학습 성향을 파악하고 이에 맞는 공부 방식을 제공해 줄 수 있는 선생님이어야 큰 도움을 받을 수 있다. 그러니 그런 '스승님'을 만나기 위해서 항상 열린 마음을 가져야 한다.

자신의 방식이 무조건 옳다는 고집을 버리고 주위에서 해주는 조언에 귀 기울일 때, 공부라는 여정에 천군만마가 되어 줄 좋은 선생님을 만날 수 있을 것이다.

무엇을 알고 무엇을 모르는가? - 메타 인지

메타 인지(metacognition)란 인지에 대한 인지, 생각에 대한 생각을 뜻한다. 공부라는 행위를 1차 인지라고 한다면, 그 공부 행위를 대상으로 한 분석이나 사고를 2차 인지, 즉 메타 인지라 할 수 있다. 쉽게는 내가 어떻게 공부하고 있는지 스스로 학습 과정을 이해하는 것이며, 더 쉽게는 무엇을 알고 무엇을 모르는지를 파악하는 것이다.

○○는 10시간을 앉아 공부만 해도 성적이 잘 안 나오는데, △△는 게임도 하고 놀 거 다 놀면서 성적을 잘 받는다. 무엇

이 다른 걸까? 정답은 바로 메타 인지 능력의 차이이다. 적은 시간을 들이고도 공부를 잘하는 사람들은 메타 인지가 뛰어난 사람들이다. 스스로 학습 전략이 잘 잡혀 있고, 모르는 게 무엇인지를 알기 때문에 효율적으로 공부할 수 있다.

예를 들어, A라는 성실한 학생이 있다고 가정하자. A는 수학 시험 대비를 위해 전체 범위를 똑같이 문제집 5권씩을 풀었다. 모든 부분이 중요해 보였기 때문이다. A는 시험 기간에 매일 6시간을 수학에 투자했다.

반면 B는 요령이 좋다. B는 스스로 미적분은 잘하지만, 벡터 파트가 약한 것을 인지하고 있다. 그래서 B는 미적분 파트는 문제집을 한 권만 풀어 알고 있는 내용을 복습했고, 나머지 공부 시간에 기하와 벡터 문제집 6권을 풀었다. B는 하루에 3시간만 수학 공부에 투자했다.

A와 B 중 누가 수학 시험을 더 잘 봤을까? 예상한 것처럼 정답은 B다. 전 과목 평균도 B가 더 높을 확률이 높다. B는 자신의 강점과 약점을 파악한 후 이에 맞는 학습 전략을 세웠다. 메타 인지를 활용해 공부한 것이다.

A는 오랜 시간 열심히 공부했지만, 중요한 것이 무엇인지 알아채지 못했다. 그래서 A는 시간이란 한정된 자원을 비효

율적으로 분배하는 바람에 다른 과목의 공부도 소홀히 했을 가능성이 크다.

무작정 열심히 한다고 결과가 좋은 것은 아니다. 물론 성실함은 탁월함의 근간이다. 그러나 아무리 열심히 한들 방향이 틀리면 엉뚱한 곳에 도달하고 말 것이다. 방향을 잘 잡아야 한다. 공부 방향을 잡아 주는 나침반이 바로 메타 인지다. 그러니 공부하는 것 외에도 스스로를 파악하기 위해 노력해야 한다. 모의고사는 메타 인지를 위한 최적의 기회다. 잘 살펴보아라.

당신은 어떤 파트에 약하고 어떤 파트에 강한가? 당신이 특히 자신 있거나 자신 없는 과목은 무엇인가?

무작정 공부하지 말고 계획을 세워라. 전체 평균이 중요한 시험이라면 약점을 보완하라. 한 가지 뛰어난 과목으로 커버가 가능한 유형의 시험이라면 강점에 집중하라.

메타 인지를 통해 '무엇을 알고 무엇을 모르는지', 그리고 '무엇을 알아야만 하는지'를 파악하라. 바른 방향으로 쌓이는 성실함이 당신을 목표치로 데려가 줄 것이다.

문제 풀이 스킬은 미리 체화하라

고난이도 문제는 문제 풀이의 접근법이 정해져 있는 경우가 많다. '스킬'이 바로 그것이다. 스킬은 증명 과정에 수십 분이 걸리는 수식을 시작과 결론만 외워 문제 풀이에 도입하는 것이다.

유명한 인터넷 강사들은 특히 교과서만 보고서는 알 수 없는 문제 풀이 스킬들을 가지고 있다. 때로는 고등학교 수학 문제 풀이에 대학 수학 문제를 가져오기도 한다.

물론 교과서나 문제집에서 제공하는 문제 풀이법도 당연히 알아야 한다. 특히 수학이 그렇다. 응용할 수 있는 스킬이 많으면 많을수록 문제에 다양한 접근법을 시도할 수 있다. 그러니 문제 풀이법을 아는 것은 매우 중요하다.

독자가 어떤 분야를 공부하고 있는지 나로서는 알 수 없으므로 특정 문제에 대한 스킬을 바로 제공해줄 수는 없지만, 이거 하나는 말할 수 있다. 실전에 스킬을 써먹고 싶다면, 반드시 그 전에 '체화'해야 한다.

체화는 몸과 정신에 익히고 또 익혀서 완전히 내 것으로 만들라는 뜻이다. 자전거 타는 법을 배우면 언제든 자전거를 탈 수 있듯이 말이다. 완벽하게 습득해서 어떤 상황에서라도 활용할 수 있어야 한다. 복잡한 문제 풀이 스킬을 사칙연산처럼 자유롭게 사용할 수 있을 때 고수가 된다.

어설프게 외운 공식은 쓰지 않는 것이 나을 때도 있다. 그러니 어설프지 않게, 확실하게 습득해야 한다. 습득하는 방법은 간단하다. 이해와 반복이다.

습득하려면 우선, 익히고자 하는 문제 풀이법 작동 원리를 이해해야 한다. 세세한 증명까지는 몰라도, 적어도 이게 왜 이렇게 되는지 간단하게라도 설명할 수 있어야 한다. 어려운 개념이라면 몇 번이고 연습장에 적어 보면서 이해하려고 노력해야만 한다. 이해는 암기의 선행 과정이다.

이해가 끝났다면 반복이다. 이해한 스킬을 실제 문제 풀이에 응용해 본다. 처음에는 완전히 체화되지 않아 쉽게 풀지 못할 수 있다. 그러나 자전거도 계속 연습하다 보면 자연스레 탈 수 있게 되듯이, 응용하고 응용하다 보면 어느새 익숙해진다.

명심하자. 완전히 체화하지 않으면 실전에서 실수한다. 막상 시험장에 갔는데 공식이 헷갈리면 문제를 풀 수가 없다. 그러니 미리 충분히 연습하자. 문제 풀이 스킬을 걷기나 자전거 타기처럼 당연하고 자연스러운 행위로 만들자. 그래야 실전에서 능숙하게 응용할 수 있다.

결과가 달라지는 자신감

시험은 누구에게나 떨린다. 노력한 시간에 비해 결과는 짧은 시간에 결정되니, 그 중압감이 엄청나다. 그런 와중에도 실전에서 잭팟을 터뜨리는 사람이 있는가 하면, 모의시험은 잘 보다가 막상 실전에서 자기 실력을 제대로 발휘하지 못하는 사람이 있다. 아무리 평소에 탁월한 모습을 보여도 실전 당일에 이를 발휘하지 못하면 결과는 도루묵이 된다.

어떻게 하면 실전을 실력만큼 잘 치를 수 있을까? 여기 비밀이 있다. 떨림과 두려움을 기분 좋은 긴장과 설렘으로 바꾸는 마법. 바로, 자신감이다.

나는 시험을 보기 전에 항상 스스로에게 주문을 건다. '오늘만큼은, 지금 이 순간부터는 내가 이 나라에서 가장 뛰어난 학생'이라고 말이다. 사실이든 아니든 상관없다. '나는 이 시험에 대한 준비가 완벽히 되어 있으며, 내 실력으로 못 풀 것이 하나 없다. 내가 해야 할 일은 그저 담담히 실력을 발휘하는 것뿐이다. 이미 모든 역량은 갖추었으니까.'라고 최면을 걸면, 진짜처럼 느껴진다.

자신감이 있고 없고는 굉장히 큰 차이를 만들어 낸다. 실제 실력이 같다고 해도, '나는 할 수 없을 거야'라 생각하며 시험에 임하는 사람과 '드디어 내 실력을 발휘할 기회가 왔어'라 생각하는 사람 중 누가 더 유리할지는 뻔하다.

내가 시험 시작 1분 전에 마음속으로 외치는 말이 있다.

'자, 해보자!'

'어디 와 볼 테면 와라! 덤벼라! 기꺼이 맞아 주겠다.' 나는 능히 모든 것을 해낼 수 있다는 자기 최면을 건다.

실제로 효과가 있냐고? 일단 당신도 최면을 걸어 보라. 답은 정해져 있으니.

시도해 봐도 손해 볼 것이 하나 없는 전략이다. 돈이 들거나 시간이 오래 걸리는 것도 아니다. 그저 한 가지만 기억하자. 실전 당일, 스스로에게 자신감의 마법을 걸어라. 그러면 마법 같은 일이 벌어질 것이다.

| 맺음말 |

당신은 왜 공부하는가?

이 책을 끝까지 읽은 당신께 감사와 응원의 박수를 보낸다. 당신이 이 책을 읽은 이유는 아마도 넷 중 하나일 것이다.

① 미대생이 어떻게 의대생이 되었는지 그 비법이 궁금해서 ② 공부로 인생을 바꾸고 싶어서 ③ 선물 받아서 ④ 기타

당신은 책을 읽는 동안 지금까지 해온 또는 앞으로 할 공부에 관해 생각하지 않을 수 없었을 것이다. 당신에게 공부란 무엇인가? 당신은 왜 공부하는가?

공부는 단순히 무언가를 배우고 익히는 일이 아니다. 공부

는 세상을 보는 시력을 높여 주고, 시야를 넓혀 준다. 또 공부는 보지 못했던 세계를 보게 하고, 닿지 못했던 높이에 다다를 수 있게 한다. 공부는 새로운 선택지를 준다. 공부는 당신의 인생을 바꾼다.

그러나 이는 내가 찾은 답일 뿐이다. 모든 사람에겐 각자의 답이 있다. 공부는 사람마다 다른 의미를 가진다. 어쩌면 아예 고민하지 않은 사람도 많을 것이다.

이 책을 읽고 공부로 인생을 바꾸고자 하는 사람이라면, 그렇게 공부를 진지하게 마주하고자 하는 사람이라면, 자신만의 답을 찾아야 한다. 사전적 정의도, 남이 알려준 답도, 학교가 일러준 길도 정답은 아니다. 당신에게 공부가 무엇인지, 왜 공부를 하는지는 오로지 당신만이 찾을 수 있다.

나는 왜 공부하는가?

스스로에게 질문해 보라.

나에게 공부란 무엇인가?

공부는 자신을 바꾸는 일이며, 결코 쉽지 않은 도전이다. 그저 현재에 안주하며 편하게 살아도 괜찮지 않은가? 왜 굳이 이 힘든 길을 걷고자 하는가? 분명 그에 대한 답이 있을 것이다.

독일의 철학자 프리드리히 빌헬름 니체(Friedrich Wilhelm

Nietzsche)는 '살아야 할 이유를 아는 사람은 어떠한 상황도 견딜 수 있다.'고 했다. 공부도 마찬가지다. 공부하는 이유를 아는 사람은 어떤 고난도 이겨낼 수 있다. 반드시 이겨 내야만 하는 이유가 있고, 그 이유를 알기 때문이다. 겨우 당장의 고통과 고난 때문에 포기하기에는 당신이 반드시 이루어야 하는 이유가 너무나도 크기 때문이다. 그러니 당신이 진지하다면, 정말로 공부를 통해 삶을 바꾸려고 한다면, 그 이유를 찾아라.

어쩌면 답을 내기까지 오랜 시간이 걸릴 수도 있다. 혹은 이미 답을 낸 사람도 있을 것이다. 어떤 것이든 좋다. 답이 나왔다면 자주 볼 수 있는 곳에 큰 글씨로 써 두자. 언제든지 볼 수 있도록. 어떤 상황도 견딜 수 있도록 말이다.

이 질문에 대답할 수 있는 사람이라면 이미 반은 성공한 것이다. 이유를 알았다면 이제 실행하는 일만 남았다. 걱정할 것 없다. 당신은 이미 공부하는 이유를 알고 있으니까. 당신은 당신만의 북극성을 찾았다. 이제 항해를 시작할 때다.

공부의 북극성이 되어 줄, 공부하는 이유에 마음을 담아 응원을 전한다. 당신의 여행에 배움과 성취가 가득하기를.

Polaris, 디지털 드로잉, 2020

공부해야만 하는 이유가 있다면
글로 써서 눈에 보이게 붙여 두자.
당신의 여정에 흔들림 없는 북극성이 되어줄 것이다.
길고 긴 여행에 배움과 성취가 가득하기를.